Kerstin Elisabeth Klinger

Glücksorte
in Oberfranken

Fahr hin und werd glücklich

Droste Verlag

Dieses Buch gehört

....

....

....

Liebe Glücksuchende,

es gab eine Zeit, da habe ich mit meiner Heimat gehadert. Wer einmal in einer größeren Stadt gelebt hat, gewinnt schnell den Eindruck, das fränkische Kleinstadtleben habe nichts zu bieten. Doch weit gefehlt! Als ich mich auf die Suche machte nach den Glücksorten in Oberfranken, war es, als hätte ich eine Schatztruhe geöffnet. Darin fand ich entzückende Cafés, liebenswerte Läden und spektakuläre Naturschauspiele – und alles gleich um die Ecke! Mit viel Leidenschaft habe ich meine persönlichen Highlights zusammengetragen. Entstanden ist ein Buch für Genießer und Entdecker – die perfekte Lektüre für waschechte Oberfranken genauso wie für Touristen. Ein Buch, das zeigt, wie vielfältig, lebens- und liebenswert Oberfranken ist. Schlemmen Sie sich mit mir durch großartige Restaurants, lassen Sie uns gemeinsam zauberhafte Geschäfte entdecken und die wundervolle Natur genießen. Tauchen Sie ein in die Geschichten von eindrucksvollen Menschen und außergewöhnlichen Produkten. Auch in Bamberg, Bayreuth, Coburg, Forchheim, Hof, Kronach, Kulmbach, Lichtenfels und Wunsiedel gibt es zahlreiche Orte, an denen man das Leben in vollen Zügen auskosten kann. Dinge, die das Leben leichter, schöner und genussvoller machen. Denn es ging schon immer nur ums Glücklichsein! Ich nehme Sie an die Hand und zeige Ihnen Oberfranken von einer ganz neuen Seite. Lassen Sie sich inspirieren!

Ihre Kerstin Elisabeth Klinger

Deine Glücksorte ...

... noch mehr Glück für dich

Farbenfrohes Gartenfest

 Rosen & Garten Messe auf der Kronacher Festung

Eine wundervolle Location, handverlesene Produkte, kleine Köstlichkeiten und stimmungsvolle Unterhaltung: Was braucht es mehr für ein gelungenes Event? Die Rosen & Garten Messe lockt mit ihrem besonderen Flair jeden Herbst zahlreiche Besucher aus nah und fern auf die Festung Rosenberg. Über 120 Aussteller präsentieren inmitten der historischen Gemäuer ihre Schätze und machen die Rosenmesse zu Oberfrankens schönstem Gartenfest. Doch nicht nur Pflanzenfans kommen hier voll auf ihre Kosten. Neben außergewöhnlichen Rosenzüchtungen, besonderen Blüten-Stauden und Spezialpflanzen wie asiatischen Taglilien gibt es vor eindrucksvoller Kulisse auch allerlei Kunsthandwerk zu entdecken. Wie wäre es mit einem edlen Schmuckstück, einer blumig duftenden Naturseife oder stilvoller Dekoration für drinnen und draußen? Während Gartenliebhaber mit den Pflanzenexperten fachsimpeln und ihnen die besten Tipps entlocken, schlendern Genießer durch die alten Mauern und spüren den Hauch längst vergangener Zeiten. Zwischendurch verwöhnen sich Groß und Klein mit allerlei duftenden Leckereien. Denn auch das kulinarische Angebot lässt die Herzen höherschlagen. Von der fränkischen Bratwurst über frische Donuts bis zu außergewöhnlichen Gerichten aus fernen Ländern ist alles dabei. Doch nicht nur Erwachsene landen mit einem Besuch einen echten Glückstreffer. Die Rosenmesse ist ein Fest für die ganze Familie. Die Kleinsten zieht bereits die Örtlichkeit, die zu den größten Festungsanlagen in Europa zählt, in ihren Bann. Daneben bringen Bogenschießen, Streichelzoo und Puppentheater die Kinderaugen zum Leuchten. Abgerundet wird das bunte Programm von zahlreichen musikalischen Darbietungen, Workshops zu Entspannung und Meditation, aber auch erlebnisreichen Führungen, beispielsweise durch die unterirdischen Gänge der Festungsanlage oder rund um das Thema Wildkräuter. Einen gelungenen Ausklang findet der Tag bei einem Glas Franken-Wein mit Blick über die Dächer Kronachs und frisch geräuchertem Fisch oder einem leckeren Flammkuchen.

TIPP **Mit dem Pflanzentaxi kann man seine Einkäufe ganz entspannt bis zum Parkplatz transportieren lassen!**

Rosen & Garten Messe, Festung Rosenberg, 96317 Kronach
www.rosenmesse.de
ÖPNV: Es verkehren Shuttle-Busse zwischen Schützenhaus-Parkplatz und Festung.

 8

Entspannt & stilvoll

2 *Das KARO18 im Herzen Bambergs*

Praktisch: Das KARO18 ist Café und Laden in einem – so kann man bei einer gemütlichen Tasse Kaffee gleich nach einem Geburtstagsgeschenk für Mama, Oma oder die beste Freundin stöbern. Benannt wurde das Ladencafé nach der Karolinenstraße, in der es liegt. Das Eckhaus mit der Nummer 18 ist mit seinen großen türkisblau gerahmten Holzfenstern ein echter Hingucker an der belebten Straße zwischen dem Alten Rathaus und dem Bamberger Dom.

Innen werden die Besucher von der modernen und zugleich entspannten Atmosphäre begrüßt. Man merkt sofort, dass bei der stilsicheren Einrichtung Profis am Werk waren. Kein Wunder, denn Julia, Gründerin und Inhaberin, ist studierte Innenarchitektin. Bevor sie sich ihren Traum vom eigenen Laden erfüllt hat, half sie anderen Start-ups bei der Einrichtung ihrer Läden. Zurück in der Heimat, verwöhnt sie gemeinsam mit ihrem netten Team ihre Gäste nun mit exzellentem Kaffee aus der Adesse Rösterei der Lebenshilfe Bamberg. Für Erfrischung sorgen leckere hausgemachte Tees oder Limonaden wie Pfirsich-Johannisbeer-Limo oder Zitronen-Minz-Eistee. Abgerundet wird das kulinarische Angebot von einer wechselnden Auswahl an süßen und herzhaften Leckereien. Das KARO18 nimmt übrigens auch am Mehrwegsystem Bambecher für Getränke „to go" teil, um den Einwegmüll in der Weltkulturerbestadt zu reduzieren.

TIPP *Wer auf der Suche nach einem stilvollen Souvenir aus Bamberg ist, wird im KARO18 ganz bestimmt fündig.*

Besonders gut genießen kann man die Köstlichkeiten an einem der schönen Fensterplätze, von wo aus sich das bunte Treiben und die in den Altstadtgassen schlendernden Menschen beobachten lassen. Daneben findet sich im Laden ein wachsendes Sortiment an hübschen Geschenkartikeln. Die offenen Regale sind mit allerlei handverlesenen und ausgefallenen Dingen gefüllt, die das Leben noch ein bisschen schöner und ihre Besitzer noch ein bisschen glücklicher machen sollen. Von Kochbüchern über Kinderspielsachen, Tassen, Postkarten und Wandposter bis hin zu Bamberger Bier findet jeder ein tolles neues Lieblingsstück.

KARO18, Karolinenstraße 18, 96049 Bamberg
https://karo18.de
ÖPNV: Bus 910, 913, 916, Haltestelle Domplatz

Tierisches Glück

3 *Unterwegs mit den Mitimino-Lamas*

Man sagt ja, das Glück der Erde liege auf dem Rücken der Pferde. Doch diese flauschigen Vierbeiner haben durchaus mindestens genauso viel Glückspotenzial!

In Döbarstöcken bei Naila warten neun liebevolle Lamas darauf, gemeinsam mit ihren Begleitern den Frankenwald bei einer gemütlichen Wanderung zu erkunden. Schon die Namen der kuschligen Lamas entführen in eine andere Welt und sorgen für einen Hauch Orient im Frankenwald: Safran, Cayenne, Thymian, Peperoni, Anis, Tabasco, Kümmel, Quendel und Lavendel lassen mit ihren großen, strahlenden Lama-Augen die Herzen aller höherschlagen. Die neugierigen Tiere, die ursprünglich aus den südamerikanischen Anden stammen, gehören zur Familie der Kamele. Die sogenannten Neuweltkämeliden stammen von den Guanakos ab, tragen im Gegensatz zu den Kamelen allerdings keinen Höcker.

Dank ihrer außerordentlichen Gelassenheit sind Lamas ein Garant für Ruhe und Harmonie. Schnell überträgt sich die wohltuende, entspannte Art auf die Begleiter, und der Alltag rückt in unendliche Ferne. Nach einem kurzen Kennenlernen geht es gemeinsam über die sattgrünen Wiesen, sanft geschwungenen Felder und durch die kühlen Wälder rund um den Döbraberg. Hochfranken bietet mit seiner Landschaft ideale Bedingungen für eine Lama-Trekkingtour. Die rund 1,2 Meter großen Tiere, die bis zu 130 Kilogramm schwer werden, laufen trittsicher neben den Wanderern her und sorgen für einzigartige Momente inmitten der wunderschönen Natur. Ein unvergessliches Abenteuer ohne große Anstrengungen für Klein und Groß und eine ganz besondere Art der Bewegung an der frischen Luft. Mit ihrem kuscheligen Fell, den spitzen Öhrchen und dem sanften Gemüt sichern sich die Lamas schnell einen Platz im Herzen der Begleiter und sorgen noch lange nach der gemeinsamen Wanderung für traumhafte Erinnerungen und jede Menge Glücksgefühle.

TIPP Für die Wanderung sollte man wetterfeste Kleidung und festes Schuhwerk tragen.

▶ **Mitimino-Lamas, Döbrastöcken 5, 95119 Naila**
www.mitimino-lamas.de

Neugotische Sommerresidenz

4 Schloss und Park Rosenau

Romantik pur – das erleben die Besucher des Schlosses Rosenau mit seinem traumhaften Schlosspark im englischen Stil. Das Anwesen, das der Coburger Herzog Franz Friedrich Anton 1805 auf Drängen seines Sohnes Ernst gekauft hat, beeindruckt mit prachtvollen Räumen, originalem Mobiliar und einem wunderschönen Landschaftsgarten.

Gleich nach seinem Regierungsantritt ließ Herzog Ernst das idyllische Schlösschen im neugotischen Stil umbauen. Besonders eindrucksvoll ist der riesige Marmorsaal, der mit Stuckmarmor und vergoldeten Ornamenten, spitzbogigen Flügeltüren sowie aus Holz geschnitzten, vergoldeten Lüstern aufwartet. Auch die mit Wiener Biedermeiermöbeln und farbigen Wanddekorationen ausgestalteten Wohnräume lassen königliche Gefühle aufkommen. Hier erblickte übrigens 1819 Prinz Albert, der spätere Ehemann von Queen Victoria und berühmteste Vertreter des Herzogtums, das Licht der Welt! Zeitgleich mit der Umgestaltung des Schlosses wurde auch der Schlosspark neu angelegt. Das einst rund 200 Hektar große Areal umfasste neben Nutzgärten und Baumschulen auch eine Fasanerie, eine Schäferei und eine Schweizerei. Heute noch ist die Parkanlage mit ihrer romantischen Schönheit ein wundervoller Ort zum Träumen und Entspannen. Spaziergänger genießen herrliche Ausblicke über das Tal der Itz, die gefühlvolle Stimmung am Schwanenteich mit seinen schwarzen Trauerschwänen und den malerischen Trauerweiden oder einen leckeren Kaffee im ehemaligen Teehaus. Auch Victoria und ihr Prinzgemahl Albert besuchten Rosenau mehrmals und ließen sich von seiner Atmosphäre in den Bann ziehen. In ihrem Tagebuch schwärmte Victoria von diesem Lieblingsplatz mit den Worten: „Wäre ich nicht, was ich bin, so hätte ich hier mein wirkliches Zuhause." Nach einer wechselvollen Geschichte kaufte schließlich 1972 der Freistaat Bayern das Schloss in desolatem Zustand. Heute ist das restaurierte Anwesen als Museum öffentlich zugänglich und bietet die Möglichkeit, hinter die Fassaden des Herzogtums zu blicken und den Hauch vergangener Zeiten zu spüren.

TIPP Gegenüber der Orangerie befindet sich heute das Europäische Museum für Modernes Glas.

Schloss Rosenau (Bayerische Schlösserverwaltung), Rosenau 1, 96472 Rödental
ÖPNV: Bus 8310, Haltestelle Schloss Rosenau

Ein Garten für alle

⑤ *Der Stadtgarten Forchheim*

Gartenarbeit ist eine wunderbare Glücksquelle – und gemeinsames Gärtnern noch viel mehr! Die Arbeit an der frischen Luft, das Aussäen der Samen, das Hegen und Pflegen der stetig wachsenden Pflänzchen und schließlich die ertragreiche Ernte der Früchte – in Forchheim bietet seit 2015 der Stadtgarten die Möglichkeit zum gemeinsamen Anbau von Obst und Gemüse.

Das ehrenamtliche Projekt hat auf der Roten Mauer, einem Teil der historischen Stadtmauer, seinen Platz gefunden. Zwischen Amtsgericht und Martinschule stehen nun zahlreiche Hochbeete mit allerlei Gemüse, Obst und Kräutern. Auf den ersten Blick etwas ungewöhnlich, doch steckt dahinter ein durchdachtes Konzept: Mit Urban Gardening wird der öffentliche Raum zum Anbau von Nutzpflanzen genutzt und so ein neuer lebenswerter Ort inmitten der Stadt geschaffen. Neben dem gemeinschaftlichen Gärtnern werden durch die kleine grüne Oase auch die Wissensvermittlung, die Ernährungsbildung sowie die Wertschätzung von Lebensmitteln gefördert. Besonders junge Bürger werden dafür sensibilisiert, woher das Essen kommt und wie viel Arbeit und Mühe es kostet, es herzustellen. Im Stadtgarten Forchheim ist jeder eingeladen mitzumachen! Egal, wie viel Vorkenntnisse oder wie viel Zeit jemand hat – jeder kann etwas beitragen! Viel Erfahrung ist bereits vorhanden, der Rest wird ausprobiert und gemeinsam gelernt. Die Ernte wird dann unter allen Stadtgärtnern aufgeteilt, Überschüsse werden gegen eine Spende abgegeben.

TIPP *Mit Hochbeeten lässt es sich nicht nur rückenfreundlich arbeiten, sie sind auch ertragreicher.*

Wichtig ist den ehrenamtlichen Gärtnern die biologische Anbauweise. Samen und Jungpflanzen stammen aus Bio-Betrieben, und auch der Dünger ist natürlich. Was in den Hochbeeten angebaut wird, wird gemeinsam entschieden. So wurde von klassischem Gemüse wie Kohlrabi, Erbsen oder Zucchini über Süßkartoffeln bis hin zu Chili und Erdnüssen schon einiges ausprobiert. Daneben wachsen im Stadtgarten auch viele insektenfreundliche Blühpflanzen. Also nichts wie ab ins Beet, denn selbst angebaut und geerntet schmeckt es doch immer noch am besten!

○ Stadtgarten Forchheim, Wallstraße, 91301 Forchheim
www.stadtgarten-forchheim.de
○ ÖPNV: verschiedenste Buslinien, Haltestelle Paradeplatz

Weißes Gold

6 *Das Porzellanikon in Selb*

Faszinierend und abwechslungsreich – diese beiden Wörter beschreiben wohl am besten das Porzellanikon in Selb. Im Staatlichen Museum für Porzellan gehen die Besucher in aufwendig inszenierten Ausstellungen auf eine spannende Entdeckungsreise rund um das Weiße Gold. Seit seiner Erfindung zieht Porzellan die Menschen in den Bann, doch wie entsteht es eigentlich? Wie wird aus unscheinbaren Kaolinbrocken Porzellan? Und was macht Porzellan so besonders?

An einzigartigen Originalschauplätzen in Selb, dem Zentrum der deutschen Porzellanindustrie, taucht man unter dem Motto „Anfassen, entdecken und verstehen" mit allen Sinnen in die Herstellung und die Vielfalt des Weißen Goldes ein. Die historischen Gebäude der 1969 stillgelegten Rosenthal-Fabrik mit ihren mächtigen Schloten, sechs erhaltenen Rundöfen und imposanten Maschinen, wie riesigen Trommelmühlen oder einer mächtigen Dampfmaschine, bilden eine eindrucksvolle Kulisse und vermitteln einen mehr als authentischen Eindruck. Sie lassen in Kombination mit spannenden Vorführungen in der Massemühle, der Gießerei und der Dreherei sowie Erklärungen von ehemaligen Porzellinern das Museum zu einem ganz besonderen Ort des Entdeckens werden. Das Porzellanikon dokumentiert, wie aus einer unscheinbaren Masse erst gebrannte Scherben und schließlich filigran verzierte Meisterwerke entstehen, und präsentiert mit außergewöhnlichen Exponaten eindrucksvoll mehr als 250 Jahre Porzellangeschichte.

TIPP Die Schausammlung des Porzellanikons in Hohenberg an der Eger zeigt Porzellan des 19. und 20. Jahrhunderts.

Dass Porzellan mehr als nur Geschirr ist, zeigt dabei der Bereich der Technischen Keramik. Neben Tauchformen für die allseits bekannten Latexhandschuhe spielt Porzellan auch als Isolator und Kondensator oder in den Bereichen Biomedizin, Computertechnik und Automobilbau eine wichtige Rolle. Abgerundet wird die facettenreiche Erlebniswelt von einer Ausstellung rund um die Geschichte des international bekannten Porzellan-Unternehmens Rosenthal in einem der alten Brennhäuser.

⊙ **Porzellanikon Selb, Werner-Schürer-Platz 1, 95100 Selb**
www.porzellanikon.org
⊙ **ÖPNV: kurzer Fußweg vom Bahnhof Selb-Plößberg**

Der Frankenwald von oben

7 — Der Lucas-Cranach-Turm bei Kronach

Nur wer genau hinsieht, der entdeckt ihn bereits aus der Ferne: den Lucas-Cranach-Turm. Etwas versteckt ragt der 22 Meter hohe steinerne Aussichtsturm aus den Baumwipfeln der Kaltbucher Höhe, rund drei Kilometer südlich der Stadt Kronach. Bereits seit mehr als 100 Jahren, genau genommen seit 1913, eröffnet der schlichte Rundturm aus Bruchsteinmauerwerk wunderschöne Ausblicke über die geschichtsträchtige Stadt mit ihrer imposanten Festung Rosenberg sowie den umliegenden Frankenwald. Benannt ist der Turm, der auf Initiative des Frankenwaldvereins erbaut wurde, nach dem berühmtesten Sohn der Stadt: Lucas Cranach, einem der bedeutendsten deutschen Maler, Grafiker und Buchdrucker der Renaissance.

Auf die Aussichtsplattform in 18 Metern Höhe führt eine Wendeltreppe mit 88 Stufen. Wer den Aufstieg gemeistert hat, genießt bei guter Wetterlage eine herrliche Rundumsicht. Im Westen erheben sich Kloster Banz sowie die Eierberge bei Bad Staffelstein am Horizont, im Süden reicht der Blick vom Patersberg bei Kulmbach bis zum Koridgast sowie dem Staffelberg, dem Berg der Franken. In Richtung Osten streift der Blick der Turmbesucher von der Radspitze bis hin zu Schneeberg und Ochsenkopf, den höchsten Erhebungen des Fichtelgebirges. Wer hingegen nach Norden sieht, entdeckt hinter der Kronacher Altstadt den Schneidberg sowie mit etwas Glück auch den 792 Meter hohen Wetzstein, den zweithöchsten Berg des Frankenwaldes. Zur leichteren Orientierung wurden an der Brüstung der Aussichtsplattform Hinweistafeln angebracht. So können auch Besucher ohne Ortskenntnisse die Umgebung treffsicher benennen. Aus allen Himmelsrichtungen führen Wege hinauf zum Lucas-Cranach-Turm. Beispielsweise die Wanderwege Burgenweg und Frankenweg sowie das „FrankenwaldSteigla" Stübengrabenweg. Zu einer kleinen Erkundungstour der Umgebung laden aber auch zahlreiche nicht markierte Wege ein, die durch den kühlen, idyllischen Forst zur 494 Meter hohen Kaltbucher Höhe führen.

TIPP Mehr zum Namensgeber des Turms erfährt man in der Fränkischen Galerie auf der Festung Rosenberg.

▶ Lucas-Cranach-Turm, Kaltbucher Höhe, 96317 Kronach

Fränkische Brautradition

 8 *Der Biergarten der Kulmbacher Kommunbräu*

Ein warmer Sommerabend im Schatten der Kastanienbäume mit einem kühlen, frisch gezapften Bier in der Hand – der Biergarten der Kulmbacher Kommunbräu ist ein Glücksort, wie er im Buche steht (spätestens ab jetzt)! Die Idee wurde bereits vor mehr als 25 Jahren am Stammtisch geboren. Als Gegenbewegung zur Industrialisierung der fränkischen Bierlandschaft verwirklichten Kulmbacher Bürger das Brauwirtshaus 1992 als Genossenschaft. Und noch heute steht es mit rund 500 Anteilseignern auf einer breiten bürgerschaftlichen Basis. Die Anteilseigner eint die Vision, die handwerkliche Brautradition und die fränkische Wirtshauskultur zu erhalten und zu fördern.

Idyllisch am Fuße der Plassenburg gelegen, zieht die Kommunbräu von früh bis spät ein bunt gemischtes Publikum an. Das Paradebeispiel fränkischer Wirtshauskultur wird aktuell von der Wirtfamilie Stübinger mit viel Herzblut und echter Gastfreundschaft betrieben. Nicht nur die Biere vom Fass und aus der Flasche überzeugen, sondern auch die vielfältige Speisekarte, die vom Wurstsalat über den Bierbraten bis zum vegetarischen Schmankerl einiges bietet. Auch Feinschmecker werden fündig: Unter dem Motto „a'moll wos ganz annersch" kredenzt der Küchenchef, der auch Gewürzsommelier ist, außergewöhnliche Geschmackserlebnisse. Besonders beliebt sind zudem die Kommunbräu-Feiertage. So gibt es von Mittwoch bis Sonntag die Kommunbräu-Kloß-Tage mit mindestens einer fränkischen Spezialität mit Klößen auf der Karte oder jeden ersten Mittwoch im Monat den Bierfeiertag mit Anstich und Bierprobe des monatlichen Spezialbieres, des sogenannten Gratis-Versucherla. Ganz praktisch ist das fränkisch-deutsche Wörterbuch für Einsteiger in der Speisekarte, denn diese ist authentisch im Dialekt gestaltet. Auch der fränkische Kulturführer gibt einmalige Einblicke. So ist dort passend zur Braukunst unter anderem die fränkische Diät zu lesen: „Siem Bier sinn a' a Schnitz'l und do host noch nix getrunk'n." (Sieben Bier sind auch ein Schnitzel und da hast du noch nichts getrunken.) Na dann: Prost!

TIPP *Auch die Kultur kommt im Kommunbräu nicht zu kurz! Es lohnt sich ein Blick in den Veranstaltungskalender.*

🔵 **Kulmbacher Kommunbräu e. G., Grünwehr 17, 95326 Kulmbach**
www.kommunbraeu.de
🔵 **ÖPNV: wenige Minuten Fußweg vom Bahnhof Kulmbach**

Bayreuths kleinstes Theater

 9 *Das Marionettentheater Operla*

Große Oper im Kleinformat – dafür steht das Operla. Doch das Marionettentheater in der Steingraeber-Passage, einem der ältesten Häuser im Herzen Bayreuths, bietet noch viel mehr! Das heimelige Theater mit seinen liebevollen Details vermag das Publikum in eine völlig andere Welt zu entführen. Schwere Teppiche liegen auf den Böden, dunkelrote Vorhänge und zahlreiche goldgerahmte Spiegel zieren die Wände, ein glänzender Kronleuchter hängt von der Decke. Abgerundet wird das nostalgische Flair des kleinen Theatersaales von 40 unterschiedlichen, bequem gepolsterten Stühlen und Sesseln im Barock-Stil – allesamt charmante Flohmarkt- und Trödelfunde. Neben der entzückend kleinen Bühne sorgt ein alter Holzofen für urige Gemütlichkeit. Ja, hier kann sie beginnen, die Reise in die Welt der Fantasie!

Die Stücke, die im Operla gespielt werden, haben alle etwas mit Bayreuth zu tun. Szenen aus dem Leben der Bayreuther Markgräfin Wilhelmine oder des Dichters Jean Paul werden genauso auf die Bühne gebracht wie Wagners „Tannhäuser" oder Engelbert Humperdincks Märchenoper „Hänsel & Gretel" nach den Gebrüdern Grimm. Dabei sind es vor allem die aufwendig und mit viel Herzblut gestalteten Figuren sowie die detailreichen, originellen Bühnenbilder, die das Publikum bereits seit 2008 in den Bann ziehen.

TIPP *Das Operla ist mit einer mobilen Wanderbühne auch außerhalb der Stadtgrenzen unterwegs!*

Das Marionettentheater zählt zu den ältesten und faszinierendsten Künsten. Die Spielerinnen des Operla hauchen den hölzernen Marionetten mit ihren geschickten Händen Leben ein und schaffen es so, die Herzen der Besucher nicht nur im Sturm zu erobern, sondern ihnen einen unvergesslichen Abend zu bescheren. Dass die Musik dabei nicht aus dem Orchestergraben, sondern vom Band kommt, tut dem Charme und dem Niveau der wundervollen Aufführungen keinen Abbruch. Das i-Tüpfelchen der Kultur am Faden ist die Pausenkulinarik, die ebenfalls perfekt auf die Stücke abgestimmt ist. Es scheint unmöglich, sich von diesem Theater nicht verzaubern zu lassen.

○ Marionettentheater Operla, Sophienstraße 32, 95444 Bayreuth
www.operla.de
○ ÖPNV: Bus 301, 305, 306, 309, 310, 312, 314, 315, Haltestelle Wittelsbacherring, Stadthalle oder Stadtkirche

Der Berg der Franken

 Wanderung auf den Staffelberg

Mit seiner markanten Felsenkrone ragt der 539 Meter hohe Staffelberg, das Wahrzeichen Frankens, hoch über dem Bad Staffelsteiner Land empor. Der Berg der Franken, wie er auch genannt wird, ist Teil des sogenannten Gottesgartens am Obermain und zählt neben dem Walberla und dem Kreuzberg zu den drei heiligen Bergen Oberfrankens.

Zahlreiche Märchen und Sagen von mächtigen Reichtümern, kleinen Kobolden und einem riesigen Fisch im Berginneren ranken sich um den steinernen Riesen, was ihm eine faszinierende, mystische Atmosphäre verleiht. Schon vor Tausenden Jahren war der Berg eine Kultstätte der Kelten, die einst das gesamte Gipfelplateau besiedelten. Im Mittelalter, genauer gesagt 1653, wurde auf dem Staffelberg die Adelgundiskapelle errichtet. Noch heute finden Prozessionszüge zur Kapelle statt, und in der Osterzeit wird dort mit Krippenfiguren der Leidensweg Jesu dargestellt.

Auf das Hochplateau des Staffelbergs führen viele Wege. Die klassische Route startet am Friedhof in Bad Staffelstein und führt über malerische Feldwege und eine lange Hohlgasse hinauf zum Gipfel. Der kürzeste Weg hingegen verläuft vom Wanderparkplatz in Romansthal auf das Plateau des Staffelbergs. Wer den Aufstieg durch das Naturschutzgebiet gemeistert hat, wird mit atemberaubenden Ausblicken belohnt! Dank des mächtigen Hochplateaus bietet der Berg eine Rundumsicht. Während am östlichen Gipfelkreuz der Sonnenaufgang die Umgebung in sanfte Rot- und Orangetöne färbt, genießt man am westlichen Gipfelkreuz traumhafte Sonnenuntergänge. An klaren Tagen erheben sich am fernen Horizont neben dem Rennsteig auch die Veste Coburg und der Frankenwald.

TIPP Zwischen den Gipfelkreuzen liegt die sagenumwobene Querkeleshöhle, die ebenfalls einen Besuch lohnt!

Belohnt werden die Wanderer nicht nur mit der bezaubernden Aussicht, sondern auch mit einer leckeren Brotzeit in der Staffelbergklause. Mit einem erfrischenden Getränk in der Hand, das man im Biergarten oder im Schatten der Kapelle genießen kann, ist der Ausblick ins Tal gleich noch schöner. Was für ein Glück!

Staffelberg, 96231 Bad Staffelstein

Gärtnerstadt-Spezialitäten

 Die Bamberger Kräutergärtnerei Mussärol

Inmitten des historischen Gärtnerviertels Wunderburg im Südosten Bambergs hat die Kräutergärtnerei Mussärol eine fast vergessene Tradition wiederbelebt: Die Spezialitäten-Gärtnerei kultiviert Süßholz – das Kraut, aus dem Lakritze gemacht wird. Bereits seit dem Mittelalter zählt der Anbau von Süßholz, Majoran und den Bamberger Hörnla, einer seltenen Kartoffelsorte, zu den Besonderheiten der Weltkulturerbestadt.

Doch nicht nur das: Mit über 200 verschiedenen Küchenkräutern, Teekräutern, Duftpflanzen sowie Aroma- und Heilpflanzen erleben die Besucher der Kräutergärtnerei ein wahres Fest für die Sinne. Besonders in den Sommermonaten lädt der paradiesische Schaugarten dazu ein, die bezaubernde Vielfalt an seltenen, altbekannten und neu entdeckten Pflanzen und Kräutern nach Herzenslust zu fühlen, zu schmecken und zu riechen. Wer tiefer in die Welt der Biokräuter eintauchen möchte, sollte an einer Führung teilnehmen. Neben spannenden Informationen zu den wichtigsten Küchenkräutern sowie deren richtiger Pflege können die Teilnehmer die Pflanzen auch bei Riech- und Kostproben näher kennenlernen.

TIPP Um Plastik zu vermeiden, werden die Pflanzen in Tontöpfen gezogen, die dank Pfandsystem wiederverwendet werden.

Angebaut wird bei Mussärol bereits seit Jahrzehnten nach kontrolliert biologischen Naturland-Richtlinien. Im Hofladen gibt es neben einer bunten Vielfalt an Kräutern noch einiges mehr zu entdecken. Im Pflanzenmonat Mai werden alle wichtigen Gemüse-Jungpflanzen sowie alte und seltene Tomatensorten angeboten. Deren sonnengereifte Früchte sind hingegen im Juli heiß begehrt. Auch spezielle Bamberger Lokalsorten sind hier erhältlich, denn Mussärol legt viel Wert auf die Bewahrung historischer Kulturpflanzen. Oder wie wäre es mit einem herrlich duftenden Strauß Lavendel, einem leckeren Bamberger Basilikum-Pesto und fruchtig-frischen Gemüse-Chutneys?

In der Mussärol Kräutergärtnerei bleiben keine Wünsche offen! Mussärol ist übrigens kein gewöhnlicher Name, sondern ein alter Dialektausdruck der Bamberger Gärtner für Majoran.

○ Mussärol Bamberger Kräutergärtnerei, Nürnberger Straße 86, 96050 Bamberg
www.biokraeuter.info
○ ÖPNV: Linie 921, 922, Haltestelle Plattengasse

Sportliches Naturidyll

 Spaß und Entspannung am Weißenstädter See

Im Herzen des Fichtelgebirges, umrahmt vom Großen Waldstein sowie dem Schneeberg, dem höchsten Berg Nordbayerns, lockt der Weißenstädter See zahlreiche Besucher an, denn der größte See der Region bietet ein besonders vielfältiges Freizeitangebot. Vom entspannten Spazieren auf dem rund vier Kilometer langen Uferweg über ein gemütliches Picknick auf den flachen sattgrünen Wiesen bis hin zu aufregendem Wassersport bleiben keine Wünsche offen!

Während die Kleinsten auf dem Spielplatz am Ufer toben, zieht es die Größeren ins kühle Nass. Der See wird dank seiner geringen Tiefe von rund 3,5 Metern im Sommer recht schnell warm und sorgt für angenehme Temperaturen beim Planschen und Schwimmen. In der ausgewiesenen Sportzone lassen währenddessen die Möglichkeiten zum Segeln, Surfen, Stand-up-Paddling und Tretbootfahren keine Langeweile aufkommen. Wer lieber im Trockenen sportelt, nutzt den geteerten Uferweg, der sich auch bestens zum Radfahren und Inlineskaten eignet, und genießt dabei die malerische Umgebung. Entlang des Rundwegs locken zahlreiche Bänke zu einer gemütlichen Rast. Daneben säumen auch 14 Stelen aus den verschiedenen Gesteinsarten des Fichtelgebirges mit eingemeißelten Gedichten das flache Ufer. Die poetischen Texte aus dem Stundenbuch von Eugen Gomringer laden zu Momenten des Innehaltens ein. Mit Blick auf die umliegenden Gipfel des Fichtelgebirges ist der Weißenstädter See geradezu wie geschaffen dafür, die Harmonie der Landschaft und die Poesie des Stundenbuchs auf sich wirken zu lassen.

TIPP Hungrige Besucher finden am Kiosk leckere Kleinigkeiten und erfrischende Getränke.

Den idyllischen See gab es übrigens nicht immer: Bis 1820 befand sich hier der Weißenstädter Stadtweiher, der nach dem Verkauf durch den bayerischen Staat jedoch vom neuen Besitzer trockengelegt wurde. Die rund 200 entstandenen Flurstücke kaufte die Stadt erst Mitte der 1970er-Jahre zurück und legte den künstlichen, rund 50 Hektar großen Stausee an, der heute ausschließlich der Erholung und dem Freizeitvergnügen dient – welch ein Glück!

● Weißenstädter See, 95163 Weißenstadt
● ÖPNV: Bus 7, 9, 23, 24, Haltestelle Kirche, Schule, Egerbrücke oder Poststraße

Klein, aber fein

13 Das Café Alte Liebe

„Auf die Plätze. Glücklich. Los!" – Gibt es ein treffenderes Motto für einen Glücksort?

In jedem Fall könnte es kein besseres Motto für das Café Alte Liebe geben, weshalb die Worte zu Recht die Wand des kleinen Cafés am Eingang zum Wanderparadies Höllental schmücken. Untergebracht ist das Café mit Herz im ehemaligen Bahnwärterhäuschen des Ortes Hölle, das einst an der Höllentallinie lag.

Mit viel Herzblut und großartigen kreativen Ideen hat das Ehepaar Seidel das historische Fachwerkhaus aus dem Jahr 1899 restauriert und sich seinen Traum vom eigenen Café erfüllt. Entstanden ist ein wunderhübsches Schmuckstück, das Tradition und Moderne gekonnt vereint und mit seinem gemütlichen Charme zum Genießen und Verweilen einlädt. Samstags und sonntags werden die Gäste von 13 bis 18 Uhr mit kleinen Snacks, süßen Leckereien und erfrischenden Getränken verwöhnt. Bei frisch gebrühtem Kaffee und hausgemachten Kuchen kann man in der Alten Liebe mit seinen Liebsten die Seele baumeln lassen und eine entspannte Zeit verbringen. Wie wäre es mit einem himmlischen Mirabellenstreusel, einem klassischen Rotwein-Gugelhupf oder einer sündhaft leckeren Himbeer-Kokos-Sahnetorte?

TIPP *Wer hier einkehren möchte, sollte vorher am besten einen Tisch reservieren!*

Serviert werden die Köstlichkeiten entweder im stilvoll eingerichteten Gastraum, der Platz für rund 30 Personen bietet, oder im Grünen auf der malerisch gelegenen Sonnenterrasse. Direkt am Haus fließt der idyllische Issigbach vorbei und sorgt mit seinem sanften Plätschern für die perfekte Untermalung beim Kaffeetrinken. Abgerundet wird die familiäre Atmosphäre von den herzlichen Gastgebern, die ihre Gäste mit viel Freude und Aufmerksamkeit bewirten. Was will man mehr?

Café Alte Liebe, Humboldtstraße 22, 95119 Naila

Rares für alle Sinne

14 *Raritäten Mohr in Coburg*

Es ist ein wahres Schmuckkästchen, das Glückssucher in der Ketschengasse in Coburg entdecken, denn Raritäten Mohr verzaubert mit einem außergewöhnlichen Ladenkonzept. Schon beim Betreten der spektakulären Verkaufsräume merkt man, dass dieses Geschäft besonders ist. Deckenhohe Apothekerschränke aus dem Jugendstil, antike Kostbarkeiten und feine Spezialitäten aus der Region – mit seinem Faible für Raritäten bietet Alexander Mohr eine spannende Mischung an: etwas fürs Auge und etwas für den Geschmack!

In den kleinen Fächern und Schubladen der eindrucksvollen Schränke warten exklusive Brände der Destillerie Möbus, Kräuter, Senf, Honig und Bienenwachs aus der Region, maßangefertigte Kleidung sowie Antiquitäten und andere schöne Dinge darauf, entdeckt zu werden. Jedes Stück erzählt seine ganz eigene Geschichte. Die erlesenen Produkte sind allesamt etwas Besonderes und werden nachhaltig sowie handwerklich hergestellt. Doch nicht nur die Waren, sondern vor allem die Einrichtung ist ein Blickfang! In mühevoller Kleinstarbeit wurden die Räume in den ursprünglichen Zustand von 1903 zurückversetzt und erzählen faszinierende Geschichten aus der Zeit, als hier einst eine Bäckerei war. Wunderschön geflieste Jugendstil-Böden und -Wände, meterhohe Decken, die Reste eines eindrucksvollen Renaissance-Wandgemäldes über dem Schaufenster und ein liebevoll restaurierter Backofen von 1903 machen das Ladengeschäft selbst zu einer charmanten Rarität.

TIPP Mit seiner Sammlung aus antiken Apothekersachen hat Alexander Mohr eine kleine Ladenausstellung geplant.

Antike Kostbarkeiten zu sammeln und zu restaurieren war schon immer ein Hobby von Alexander Mohr. Dass daraus heute ein Laden entstanden ist, ist allerdings nur dem Zufall zu verdanken. Für seine Kunden treibt er öfter mal das ein oder andere seltene Einzelstück auf und steht ihnen mit seinem Fachwissen rund ums Restaurieren gerne auch beratend zur Seite. Besonders wichtig ist ihm, die Räumlichkeiten der Öffentlichkeit zugänglich zu machen, um nicht nur das Kunstverständnis zu fördern, sondern auch die Wertschätzung echter Handarbeit.

⊙ **Raritäten Mohr, Ketschengasse 9, 96450 Coburg**
⊙ **ÖPNV: Bus 1, 4, 5, 6/66, 7, 10, Haltestelle Ehrenburg**

Imposantes Naturdenkmal

 15 *Der Hüter des Feldes*

Seit mehr als 1000 Jahren zeugt er von der eindrucksvollen Kraft der Natur: der Hüter des Feldes. Die uralte Stileiche thront auf einer Anhöhe in der Nähe von Nedensdorf bei Bad Staffelstein und fällt dank ihrer ungewöhnlichen Gestalt schon von Weitem auf. Diese gab ihr im Volksmund auch den Spitznamen „Rasierpinselbaum".

Inmitten von Wiesen und Feldern trotzt das unter besonderem Schutz stehende Naturdenkmal bereits seit dem frühen Mittelalter Wind und Wetter. Jedes Frühjahr können wir uns an den frischen grünen Blättern erfreuen, die die Eiche in einem Teil der Krone immer wieder aufs Neue austreibt. Langsam, aber sicher stirbt der Baum jedoch ab – in diesem Alter auch kein Wunder. Der mehr als sechs Meter umfassende, mittlerweile hohle Stamm hat an der Last der Krone schwer zu tragen.

Noch ist aber Leben in der Eiche und macht sie zu einem herrlichen Glücksort. Von der Steinbank direkt vor dem nach wie vor imposanten Baumveteran genießt man einen wunderschönen Weitblick über die umliegende Landschaft und kann sich dabei den Wind um die Nase wehen lassen. Neben den Zwillingstürmen von Kloster Banz entdeckt man auch den 540 Meter hohen Staffelberg, den sogenannten Berg der Franken, inmitten der sanft geschwungenen Hügellandschaft.

TIPP *Auch für Geocaching-Fans ein lohnenswertes Ziel!*

Der Hüter des Feldes erzählt von längst vergangenen Zeiten. Unter der Eiche sitzend, den Blick über das Land schweifend, spürt man die Kraft des alten Baumes, der schon mehr als einmal im Mittelpunkt stand. So ist der Eichenveteran in der Anfangsszene des Kinofilms „Luther" zu sehen, als der junge Martin Luther während eines Gewitters Schutz unter der Stileiche sucht. Daneben hat auch das Bayerische Fernsehen bereits ein kurzes Filmporträt über den Hüter des Feldes gedreht. Hoffen wir, dass die mächtige Eiche noch viele Jahre erhalten bleibt und all ihren Besuchern glückliche Momente beschert.

○ **Hüter des Feldes, Verbindungsstraße Gleußdorf – Bad Staffelstein, 96231 Bad Staffelstein**
○ **ÖPNV: Bus 1253, Haltestelle Neuhof bei Bad Staffelstein**

Hopfen & Malz

 ### Maisel's Bier-Erlebnis-Welt in Bayreuth

Hier sind wohl alle etwas „bierverrückt": Hinter der roten Backsteinfassade von Maisel's Bier-Erlebnis-Welt in der Bayreuther Innenstadt dreht sich alles um den goldgelben Gerstensaft mit seiner luftig weißen Krone. Schon bei der Brauereiführung tauchen die Besucher in die traditionelle Handwerkskunst von Brauer und Büttner ein, die von der Familie Maisel seit mehr als 100 Jahren mit viel Liebe und Leidenschaft gelebt wird. Alles dreht sich darum, bestes Bier zu brauen. Auch in der hochmodernen Maisel & Friends-Brauwerkstatt, wo einem nicht nur der Duft von frischem Hopfen um die Nase weht, sondern man auch einen Blick über die Schulter der Braumeister werfen kann. Schon vom Zusehen läuft den meisten Besuchern das Wasser im Mund zusammen. Da kommt ein Biertasting gerade recht! Einmal im Monat werden vom Biersommelier verschiedenste Biere präsentiert und dabei die wichtigsten Fragen, wie „Was ist eigentlich Craft Beer?" oder „Welche Bierstile gibt es?", erklärt. Wem das Tasting noch nicht genug ist, der nimmt am besten an einem Bierseminar teil. Hier wird der Gerstensaft in all seinen Facetten präsentiert und verkostet. Daneben werden viele Geheimnisse rund um das Bierbrauen gelüftet, und man lernt, welche Biere mit welchen Speisen harmonieren. Ein Muss für alle Bierfans! Und wer gut aufgepasst hat, erlangt am Ende des Seminars sogar das Bierdiplom.

TIPP *Im Liebesbier finden regelmäßig auch Poetry-Slams, Konzerte und Festival statt.*

Für den krönenden Abschluss der Erlebnistour sorgt das Liebesbier. Im stilvoll eingerichteten Restaurant warten nicht nur 21 Biere vom Fass sowie rund 100 Flaschenbiere darauf, probiert zu werden – auch die Speisekarte ist ein wahrer Gaumenschmaus. So überraschend und vielfältig wie die Biere sind auch die Gerichte: Wie wäre es mit einem Pulled-Duck-Burger mit feinem Orangen-Aroma oder einer vitaminreichen Liebesbier-Salatbowl? Im Sommer lockt zudem ein Biergarten mit schattigem Hopfendach und einem Grill, an dem die Gäste selbst Hand anlegen dürfen. Liebe und Glück gehen hier eindeutig Hand in Hand durch den Magen!

Maisel's Bier-Erlebnis-Welt, Andreas-Maisel-Weg 1, 95445 Bayreuth
www.biererlebniswelt.de
ÖPNV: Bus 306, 325, Haltestelle Bier-Erlebnis-Welt

Duftendes Blütenmeer

 17 *Der Botanische Garten Hof*

Ein kleines Paradies und Quelle puren Glücks – das ist er, der Botanische Garten in Hof. Dabei entstand die Grünanlage Anfang des 20. Jahrhunderts eigentlich nur, um den Naturkunde-Unterricht an den Hofer Schulen lebendiger zu gestalten und die Schüler frühzeitig an den Umgang mit Pflanzen heranzuführen. Im Laufe der vergangenen 100 Jahre entwickelte sich daraus jedoch ein wundervolles Kleinod inmitten des historischen Bürgerparks Theresienstein.

Sein heutiges Erscheinungsbild wurde vor allem in den 60er-Jahren geprägt. Das rund zwei Hektar große Gelände gliedert sich in zwei Hauptbereiche: einerseits das geometrisch angelegte Rosarium mit dem Heilpflanzengarten und andererseits den eher landschaftlich gestalteten Garten mit Alpinum, Seerosenteich, Schattenquartier sowie den weiten Prachtstaudenflächen. Die vielfältige Pflanzenwelt setzt sich aus internationalen wie heimischen Arten zusammen, von denen einige nahezu ausgestorben sind. Hinter jeder Kurve der verschlungenen Pfade, die durch den weitläufigen Garten führen, eröffnet sich ein neues Bild mit reichen Blüten, herrlichen Farben und sattem Grün. Wer die Natur liebt, kommt hier vollends zur Ruhe.

TIPP *Von Mai bis Oktober wird jeden ersten Mittwoch im Monat eine Pflanzensprechstunde angeboten.*

Im Juni ist der Botanische Garten Schauplatz des Rosenfestes – ein absoluter Höhepunkt im Gartenjahr, der zahlreiche Besucher anlockt. Rund um das Rosarium wird dann mit künstlerischen Darbietungen unter freiem Himmel die Rosenblüte gefeiert. Geheimer Star des Festes sind jedoch nicht die Blumen der Liebe, sondern die leckere Rosenbowle. Nur einen Monat später, im Juli, taucht die Nacht der Sinne die Anlage in spektakuläre Farben und zieht die Gäste in den Bann. Aber auch sonst ist der Garten ein traumhafter Rückzugsort. Einladend gestaltete Ruheoasen und idyllische Sitzgelegenheiten laden zum Entspannen, Träumen und Genießen ein. Zu den schönsten Plätzen zählt sicherlich der wundervoll duftende Heilpflanzengarten. Oder die traumhaft blühenden Rosen. Oder das ruhige Plätzchen direkt am sanft plätschernden Seerosenteich? Man kann sich kaum entscheiden …

▶ **Botanischer Garten Hof, Alte Plauener Straße 40, 95028 Hof**
www.botanischer-garten-hof.de
▶ **ÖPNV: Bus 3, 4, 13, Haltestelle Zoo**

Herrliche Aussichten

 18 *Auf der Himmelsleiter bei Pottenstein*

Dem Himmel so nah – dieses fantastische Glücksgefühl lässt sich auf der Himmelsleiter bei Pottenstein erleben. Hoch über der Burg Pottenstein in der Fränkischen Schweiz thront der 2014 erbaute, knapp 35 Meter hohe Aussichtsturm. Er ist über mehrere Wanderwege, zum Beispiel den Panoramaweg Burg Pottenstein-Elbersberg, in rund 15 bis 20 Minuten zu Fuß erreichbar. Bereits unterwegs lässt sich die wunderbare Natur genießen, denn der Weg führt durch ein herrliches Landschaftsschutzgebiet mit zahlreichen seltenen Pflanzen, wie etwa der Silberdistel. Die interessante Architektur des Turms ist schon von Weitem erkennbar. Um einen Betonbau inmitten der geschützten Natur zu vermeiden, wurden in der außergewöhnlichen Konstruktion rund 75 Tonnen Stahl verbaut. Auf einer futuristisch anmutenden Treppe geht es hoch hinaus. 150 Stufen gilt es zu erklimmen, um die auf 25 Metern Höhe gelegene Aussichtskanzel zu erreichen. Auf dem Weg laden mehrere kleinere Zwischenplattformen zu kurzen Verschnaufpausen ein. Schon hier lässt sich erahnen, welche Ausblicke die Himmelsleiter freigeben wird.

TIPP Von der Himmelsleiter ist es nur ein kurzer Abstecher zum Großen Hasenloch, einer eindrucksvollen Höhle.

Oben angekommen, wird man schließlich mit einem traumhaften Rundblick über die umliegende Fränkische Schweiz mit ihrer charakteristischen Berg- und Hügellandschaft belohnt. Bei guter Sicht genießt man von der Plattform aus zudem einen wunderbaren Fernblick bis ins Fichtelgebirge hinein. So lassen sich die Gipfel von Schneeberg, Ochsenkopf und Kösseine am Horizont entdecken. Wer den direkten Blick nach unten wagt, erkennt zudem kleine Kunstwerke aus Steinen, die Besucher auf die Grasflächen rund um den Turm gelegt und dem Areal so eine persönliche Note verliehen haben. Egal ob Frühjahr, Sommer oder Herbst – die Himmelsleiter ist zu jeder Jahreszeit einen Besuch wert, nur im Winter ist der Aussichtsturm geschlossen.

○ **Himmelsleiter Pottenstein, Elbersberg, 91278 Pottenstein**
○ **ÖPNV: Bus 343, 389, 393, 397, Haltestelle Pottenstein, Bus 392,**
Haltestelle Elbersberg Feuerwehrhaus

Über den Dächern der Stadt

19 *Die Plassenburg in Kulmbach*

Hoch über Kulmbach thront majestätisch und schon von Weitem sichtbar die Plassenburg, das Wahrzeichen der Stadt. Hier können Besucher ihr Glückskonto mit vielen tollen Erlebnissen auffüllen. Die einstige Festung der Hohenzollern, die bereits 1135 erstmals urkundlich erwähnt wurde, zeugt von einer wechselvollen Geschichte. Heute ist sie als eines der eindrucksvollsten Renaissance-Schlösser Deutschlands bekannt. Besonders der Schöne Hof macht seinem Namen alle Ehre! Mit seinen wundervoll verzierten Arkaden zählt er zu einem der schönsten Renaissance-Höfe nördlich der Alpen und ist ein wahrer Augenschmaus.

In den letzten Jahrzehnten hat sich die Plassenburg aber auch zu einem kulturellen Zentrum entwickelt. Das historische Bauwerk ist nicht nur optisch ein Highlight, sondern vereint ganze vier Museen unter einem Dach. Im Deutschen Zinnfigurenmuseum taucht man in eine außergewöhnliche Miniaturwelt ein, die mehr als 150 Szenerien mit viel Liebe zum Detail scheinbar zum Leben erweckt. Das Museum Hohenzollern in Franken, das Armeemuseum Friedrich der Große sowie das Landschaftsmuseum Obermain sind besonders für geschichtlich Begeisterte interessant und laden zu einer spannenden Zeitreise ein. Vielleicht ist es aber auch Zeit für eine genussvolle Pause in der Burgschänke im Innenhof mit leckerem Kaffee und Kuchen?

TIPP Jedes Jahr im Juli findet im malerischen Innenhof das Plassenburg Open Air mit tollen Konzerten statt.

Der Besuch der Plassenburg kann auch mit einer Wanderung, zum Beispiel auf dem „FrankenwaldSteigla" Ebersbacher Weg und Rehberg-Weg oder auf dem FrankenwaldSteig, verbunden werden. Diese führen direkt durch die imposante Burganlage. Von der Innenstadt gelangt man auf einem rund 800 Meter langen Fußweg hinauf zur Burg, alternativ nutzt man den Pendel-Bus „Plassenburg-Express" von der Altstadt aus.

Oben angekommen, wird man mit einem traumhaften Ausblick belohnt. Besonders schön ist die Aussicht vom Rondell direkt vor den Toren der Plassenburg. Zum Sonnenuntergang liegt einem hier das in magisches Licht getauchte Kulmbach zu Füßen.

- Plassenburg Kulmbach, Festungsberg 27, 95326 Kulmbach
www.plassenburg.de
- ÖPNV: Im Sommerhalbjahr verkehrt vom Stadtzentrum der Plassenburg-Express zur Burg.

Einzigartige, edle Tropfen

 Das Weingut Laufer

Zugegeben, in einer Bierhochburg wie Oberfranken trifft man eher selten auf Winzer und Weinberge. Doch auch Freunde des edlen Tropfens werden hier fündig. Zum Beispiel auf dem Weingut Laufer, das mit seinem kleinen, aber wunderschönen Weinberg im Landkreis Bamberg das östlichste Weinanbaugebiet Frankens markiert.

Seit 1973 baut die Familie eigene Weine an und durfte sich in dieser relativ kurzen Weinbaugeschichte schon über zahlreiche Auszeichnungen freuen. Heute kreiert Jungwinzerin Kerstin Laufer rund um die Burg Lisberg mit ihrer eigenen Weinlinie „KL-Weine" spannende Tropfen, die ihre Haltung zum modernen Weinanbau zum Ausdruck bringen. Dabei schöpft sie aus einem reichen Erfahrungsschatz und einer ganz besonderen Vielfalt: Die Familie bewirtschaftet insgesamt sieben Anbauflächen vom Main über den Steigerwald bis hin zum Unterhaider Röthla bei Bamberg. Die Unterschiedlichkeit der Böden, auf denen die Trauben wachsen, bringt verschiedenste Aromen und somit einzigartige Weine hervor, die man sonst nur selten findet. Dabei schlägt Kerstin Laufer zwei Richtungen ein: Neben klassisch angebauten Weinen, die in Flaschen mit weißem Etikett abgefüllt werden, versucht sie sich auch an verschiedensten Neukreationen, die mit einem dunklen Etikett gekennzeichnet werden. Selbstverständlich sind dabei die sorgsame Pflege der Rebstöcke, der bewusste Umgang mit der Natur sowie ein schonender Umgang mit den Trauben. Und natürlich viel Liebe zum Wein!

TIPP Neben Silvaner und Sommerwein sind der leckere Regent-Rosé sowie der Regent-Rotwein am beliebtesten.

Kurz nach der Weinlese zieht dann jedes Jahr das Weinfest auf Burg Lisberg zahlreiche Weinliebhaber und Genießer an. Inmitten der historischen Mauern wird ganze vier Tage lang zu toller Live-Musik gelacht, gefeiert und natürlich auch erstklassiger Rebensaft getrunken.

Wer mehr über die Laufer'schen Weine erfahren möchte, sollte in der Vinothek in Lisberg vorbeischauen. Hier kann man sich im herrlichen Ambiente der Burg nicht nur genussvoll durch alle Weine schlürfen, sondern auch an einer Weinprobe mit fränkischer Brotzeit teilnehmen.

○ **Weingut Laufer, Burg 2, 96170 Lisberg**
www.weingut-laufer.de
○ **ÖPNV: Bus 989, 999, Haltestelle Lisberg Burg**

Willkommen in Entenhausen!

 21 *Kindheitserinnerungen im Erika-Fuchs-Haus*

Einmal durch Entenhausen spazieren, einen Blick in Daniel Düsentriebs Werkstatt werfen und wie Dagobert Duck im Geld baden? In Oberfranken kein Problem! Das Erika-Fuchs-Haus in Schwarzenbach an der Saale lässt Kindheitsträume wahr werden. Mit dem in Deutschland ersten Museum für Comic und Sprachkunst wurde der berühmten Übersetzerin und Chefredakteurin des Micky-Maus-Magazins ein Denkmal gesetzt. Die promovierte Kunsthistorikerin beeinflusste nicht nur viele Generationen von Kindern, Jugendlichen und Erwachsenen mit ihren kreativen Wortschöpfungen und witzigen Sprachspielereien, sondern insbesondere auch die deutsche Sprache. Wer kennt nicht einige ihrer Schöpfungen wie „Grübel, grübel!", „Zack, Bumm, Peng!" oder „Dem Ingenieur ist nichts zu schwör!", die heutzutage zum allgemeinen Sprachgebrauch zählen.

Nach einer kurzen Einführung in die Geschichte von Comics gelangt man beim Rundgang durch das Museum nach Entenhausen. Bei einem Streifzug durch die mit viel Liebe zum Detail erstellte begehbare Stadt entdeckt man auch Parallelen zu Schwarzenbach, das 50 Jahre lang Wohn- und Arbeitsort von Erika Fuchs war und immer wieder in ihre Arbeit eingeflossen ist. Ein raumhoher biografischer Comic stellt anschließend das Leben der Pionierin dar. Sie war es, die in den biederen 50er-Jahren der Bundesrepublik den amerikanischen Comic gesellschaftsfähig machte. Mit ihrer neu geschaffenen Sprachwelt drückte sie den Zeichnungen ihren ganz eigenen Stempel auf. Originale Manuskripte, eine Schreibmaschine oder ein Notizbuch geben spannende Einblicke. Interaktive Stationen laden dazu ein, selbst kreativ zu werden und mit Buchstaben und Wörtern zu jonglieren. An einer Art überdimensioniertem Scrabble lassen sich sogenannte Erikative bilden, während man sich an anderer Stelle selbst an der Übersetzung eines Original-Comics versuchen kann. Hier ist Spaß für Klein und Groß garantiert! Eine Comicbibliothek mit Gelegenheit zum Schmökern rundet den Museumsbesuch gelungen ab.

TIPP Neben dem Leben und Werk von Erika Fuchs zeigt das Museum regelmäßig interessante Sonderausstellungen.

○ Erika-Fuchs-Haus, Bahnhofstraße 12, 95126 Schwarzenbach a. d. Saale
www.erika-fuchs.de
○ ÖPNV: Bahnhof Schwarzenbach, ca. 250 Meter Fußweg

Altehrwürdige Gemäuer

 22 *Unterwegs zwischen Giechburg und Gügel*

Hoch über dem Bamberger Land am Rande der Fränkischen Schweiz liegen zwei eindrucksvolle Orte mit bewegter Geschichte: Giechburg und Gügel. Verbunden sind die beiden altehrwürdigen Gemäuer oberhalb von Scheßlitz durch einen wunderschönen, rund 1,5 Kilometer langen Höhenweg, der zu ausgedehnten Streifzügen einlädt. Auf herrlichen Feldwegen geht es über blühende Wiesen und durch schattige Buchenwälder. Unterwegs eröffnen sich den Wanderern wunderbare Fernblicke über das weite, sanft geschwungene Land bis in die Rhön und nach Thüringen hinein.

Doch nicht nur die umliegende Landschaft, sondern auch die beiden Bauwerke selbst versprühen einen besonderen Charme. Die ehemalige Höhenburg Giech umgibt eine sehr wechselvolle Geschichte. Lange war sie Streitposten der Bamberger Bischöfe sowie der Andechs-Meranier aus Ostfranken, und auch während der Bauernaufstände im 16. Jahrhundert spielte die Giechburg eine große Rolle. Neben mehreren Mauerresten ist heute leider nur noch der Westbau der Burg erhalten, der für verschiedene Kunstausstellungen genutzt wird.

TIPP *Das nahe Scheßlitz lohnt mit seinen romantischen Fachwerkhäusern und barocken Gebäuden einen Abstecher.*

Auch auf dem benachbarten Gügel stand ursprünglich eine Burg mit Kapelle. Während die Burg nach und nach verfiel, wurde die Kapelle mehrfach wiederhergestellt. Deshalb beeindruckt der Gügel heute mit seiner Wallfahrtskirche Sankt Pankratius, die direkt auf einem Felsen auf dem Gipfel erbaut wurde. Besucher können hier neben einer Kanzel und einer Empore aus dem Bamberger Dom eine wunderschöne Lourdesgrotte bestaunen. Vom Gipfelkreuz direkt vor der Kirche blickt man nicht nur über das umliegende Bamberger Land, sondern auch hinüber zur Giechburg, was das Band zwischen den beiden Gemäuern noch enger zieht.

Wer vom Gügel zur Giechburg gewandert ist oder umgekehrt und in die spannende Geschichte der Bauwerke eingetaucht ist, hat sich eine kleine Stärkung verdient. Deshalb befindet sich auf beiden Hügeln eine Gaststätte, die zum Schlemmen und Verweilen einlädt.

⊙ Giechburg, Giechburg 1, 96110 Scheßlitz; Gügel, Gügel 1, 96110 Scheßlitz

Eindrucksvolles Paradies

 23 *Das Felsenlabyrinth Luisenburg*

Monumental, imposant, einzigartig – so lässt sich das mächtige Felsenlabyrinth auf der Luisenburg beschreiben. Das größte Granitsteinmeer Europas ist ein wahrlich mystischer Glücksort. Gigantische Monumente aus 300 Millionen Jahre altem Gestein türmen sich eindrucksvoll auf und bilden die atemberaubende Kulisse für einen kletterreichen Ausflug. Verschlungene, wildromantische Pfade führen auf einem Rundgang, der die Besonderheiten des Felsenlabyrinths aufzeigt, durch den verwunschenen Wald und laden zu abenteuerlichen Erkundungstouren ein. Beim Auf- und Abstieg führt der Weg durch enge Felsspalten und kleine Schluchten, über steile Felstreppen hinweg und vorbei an kühlen Höhlen. Die sich links und rechts meterhoch auftürmenden bizarren Steinskulpturen lehren Ehrfurcht vor den Kräften und der Schönheit der Natur und lassen den Alltag schnell vergessen. An den riesigen, teils mit Moos bewachsenen Felsen sind alte Inschriften erkennbar. Sie allesamt erzählen ihre ganz eigene Geschichte – vom Zuckerhut über den Napoleonshut bis hin zur Insel Helgoland.

TIPP Das Felsenlabyrinth kann mit einem Geoparkranger erkundet werden, der spannende Hintergründe vermittelt.

Entstanden sind die Granitriesen durch die über mehrere geologische Zeiträume hinweg andauernden Vorgänge von Verwitterung und Erosion. Unterwegs lassen sich zudem beeindruckende Aussichtspunkte wie der Ludwig-Punkt entdecken, die spektakuläre Ausblicke über das Fichtelgebirge eröffnen. Kurz vor dem Gipfel erwartet die Besucher ein besonderes Ereignis: die Teufelstreppe. Auf 30 steinernen Stufen lässt sich der höchste Punkt des Nationalen Geotops erklimmen. Zahlreiche Bänke entlang des Rundwegs, der sich mehrmals kreuzt und somit problemlos abgekürzt werden kann, laden zum Ausruhen ein. Bei einer kurzen Pause kann man das faszinierende Schauspiel der Natur ganz still auf sich wirken lassen, ehe es erlebnisreich weitergeht. Festes Schuhwerk ist beim Erkunden des Granitsteinmeers Voraussetzung. Dann haben sowohl Groß als auch Klein Spaß beim Spazieren und Klettern durch das Felsenlabyrinth, das von Ende März bis Oktober täglich geöffnet ist.

○ Felsenlabyrinth Luisenburg, Luisenburgstraße, 95632 Wunsiedel
○ ÖPNV: Bus 3, 10, Haltestelle Busbahnhof Wunsiedel

Im Schokoladenhimmel

 Die Lauenstein Confiserie in der Fischbachsmühle

Es ist der Glücksort für Schleckermäuler: die Gläserne Manufaktur der Lauenstein Confiserie. Schon beim Betreten der historischen Fischbachsmühle strömt einem ein verführerischer Duft entgegen, und auch all die anderen Sinne werden sogleich von der zauberhaften Confiserie-Welt in den Bann gezogen. Exklusive Pralinen, vielfältige Schokoladen und feinster Genuss, so weit das Auge reicht! Schon beim bloßen Anblick läuft das Wasser im Munde aller Schoko-Fans zusammen.

In der Gläsernen Manufaktur zeigen die Confiseure ihr handwerkliches Können bei der aufwendigen Fertigung der exklusiven Pralinen, während die Besucher ihnen dabei über die Schultern blicken dürfen. Zarte Nougat-Törtchen, Pariser Edelmarzipan-Röllchen oder Marc-de-Champagne-Trüffel – mit viel Leidenschaft, Geduld und Fingerspitzengefühl entstehen hier köstliche Kreationen, die mit einem wahren Geschmacksfeuerwerk auf der Zunge zergehen. Für die von Hand geformten und dekorierten Pralinen werden nur beste Zutaten verwendet: cremiger Nougat, frische Sahne, knackige Mandeln, erlesene Gewürze und natürlich zart schmelzende Schokolade aus feinstem Kakao, dem Geschenk der Götter. Selbstverständlich darf auch ausgiebig probiert werden. Wer möchte, schlüpft zudem selbst in die Rolle eines Chocolatiers und taucht in die genussvolle Welt der Schokolade ein!

TIPP Hobbypralinen-künstler können bei einem Pralinenseminar von den Profis lernen.

Von der Gläsernen Manufaktur geht es zum Werksverkauf mit Café. Hier erwartet die Besucher die längste Pralinentheke Oberfrankens mit mehr als 100 verschiedenen Kreationen, die verkostet werden können. Da fällt es wahrlich schwer, eine Lieblingssorte zu finden. Je nach Jahreszeit stehen die neuesten Schöpfungen sowie leckere Überraschungen zur Auswahl. Wer sich dann doch entschieden hat, kann sich seine ganz persönlichen Lieblingsstücke für zu Hause zusammenstellen, und sicherlich landet auch das ein oder andere Mitbringsel im Einkaufskorb. Denn nicht ohne Grund lautet der Slogan der Confiserie: „Einmal probiert – schon verführt".

▶ **Confiserie Burg Lauenstein, Fischbachsmühle 2, 96337 Ludwigstadt**
www.fischbachsmuehle.com
▶ **ÖPNV: Bus 8328 vom Bahnhof Ludwigstadt aus, Haltestelle Lauenstein Anger,**
Bus 8347, Haltestelle Lauenstein Anger

Ein Hauch Italien

25 *Mit dem Gondoliere durch Bamberg*

Sie kennt man sonst eigentlich nur aus Venedig: Gondolieri. Doch auch in Bamberg verbreiten die charmanten Bootsführer italienisches Flair und laden zu einem Streifzug der besonderen Art ein.

Auf dem Alten Kanal der fränkischen Weltkulturerbestadt geht es in Richtung der ehemaligen Fischersiedlung mit ihren schwimmenden Vorgärten, die liebevoll Klein-Venedig genannt wird. Schmucke, bunte Fachwerkhäuser reihen sich dicht aneinander und zeichnen ein herrliches Panorama. Weiter führt die gemütliche Fahrt vorbei an im Wasser dümpelnden Kähnen durch die mehr als 1000-jährige Altstadt mit ihrer eindrucksvollen Architektur. Gelenkt wird die nahezu lautlos durchs Wasser gleitende, schwarz lackierte Gondel in der klassischen „Voga-Veneta"-Technik, die auch die Gondolieri in Venedig einsetzen. Dabei stehen die Kapitäne ganz traditionell mit einem schwarz-weiß oder rot-weiß geringelten Shirt sowie einem Strohhut auf dem Kopf am Heck des kleinen Bootes und steuern es gekonnt mit einem langen hölzernen Ruder über die Regnitz. Eine echte Meisterleistung, bedenkt man, dass eine Gondel rund 600 Kilogramm schwer ist. Doch die fränkischen Gondolieri beherrschen ihr Handwerk, das sie mit viel Herzblut und Leidenschaft ausüben.

TIPP *Wer fragt, darf sich gerne auch selbst einmal als Gondoliere versuchen!*

Bis zu sechs Personen können es sich in einer der original venezianischen Gondeln gemütlich machen und das bunte Treiben am Ufer vom Wasser aus beobachten. Entweder man bucht sich einen einzelnen Platz, oder man reserviert die ganze Gondel für sich. Besonders romantisch ist natürlich eine Gondelfahrt zu zweit mit der oder dem Liebsten. Und wer möchte, kann sich auch ein kleines Picknick mitnehmen und mit einem Glas Prosecco auf dieses außergewöhnliche Erlebnis anstoßen. Dafür eignet sich auch bestens die idyllische Route, die vom Bootshaus unter kleine Brücken hindurch und an üppig bewachsenen Ufern vorbei ins Grüne führt. So lässt sich Bambergs Natur auf eine wirklich bezaubernde Art entdecken – ganz so, als wäre man in Italien.

● **Die Gondolieri von Bamberg, Habergasse 12A, 96047 Bamberg**
www.gondel.info
● **ÖPNV: Bus 952, 957, Haltestelle Am Kranen**

Mittelalterliches Städtchen

 Ein Spaziergang durch Seßlach

Eingebettet in die sanfte, hügelige Landschaft zwischen Coburg und Bamberg liegt das mittelalterliche Städtchen Seßlach, das mit seiner märchenhaften Altstadt zu einem gemütlichen Spaziergang einlädt. Wer durch die kleinen Gassen schlendert, entdeckt eine zauberhaft altertümliche Welt. Durch eines von drei spätmittelalterlichen Toren gelangt man in das Zentrum der rund 1200 Einwohner zählenden Stadt, die noch fast vollständig von einer mächtigen Stadtmauer aus großen Sandsteinquadern sowie vier Wehrtürmen umgeben ist. Ungewöhnlich an der Befestigungsanlage aus dem 14. bis 17. Jahrhundert ist, dass anstelle eines Wehrgangs lose Rollsteine auf der Mauerkrone liegen.

Innerhalb der Stadtmauer ziehen wunderschöne, liebevoll restaurierte Fachwerkhäuser aus dem 17. und 18. Jahrhundert, von denen viele unter Denkmalschutz stehen, alle Blicke auf sich. Daneben lohnt es sich, historische Gebäude wie das ehemalige Amtsgericht, die gotische Pfarrkirche St. Johannes, den alten Getreideschüttboden mit dem Heimatmuseum oder das Rathaus aus dem 16. Jahrhundert zu besichtigen. Erstmals urkundlich erwähnt wurde Seßlach als Würzburgische Urpfarrei um das Jahr 800. 1335 wurde das Kleinod im Coburger Land durch Kaiser Ludwig von Bayern zur Stadt erhoben.

TIPP

Wer den Blick etwas schweifen lässt, entdeckt auf einem Hügel oberhalb der Stadt das Schloss Geyersberg.

Das mittelalterliche Flair, das sich Seßlach bis heute bewahrt hat, ist großes Kino – im wahrsten Sinne des Wortes. Denn vor dieser authentischen Kulisse wurden schon Filme wie „Luther" oder der „Räuber Hotzenplotz" gedreht.

In dem bayerischen Genussort kommen aber auch Kulinarik-Fans auf ihre Kosten: In der Bäckerei Schoder, der Altstadtmetzgerei Franz oder den Gasthöfen Reinwand und Roter Ochse kann man typisch fränkische Schmankerl genießen. Dazu passen das Bier der Brauerei Scharpf oder das besondere, ungefilterte Seßlacher Hausbier aus dem Kommunbrauhaus. Dort wird das seit 1335 bestehende Braurecht der Stadt am Leben erhalten. Am sogenannten Fasstag kommen die Hausbrauer hier noch persönlich vorbei, um sich die ihnen zugeteilte Biermenge abzuholen.

⊙ **Tourist-Information Seßlach, Marktplatz 98, 96145 Seßlach**
www.sesslach.de
⊙ **ÖPNV: Bus 8301, verschiedene Haltestellen im Ort**

Kostbares Getreide

27 *Das ROGG-IN Informationszentrum*

Es ist kein gewöhnliches Museum, das ROGG-IN. Im „Pädagogisch-Poetischen Informationszentrum für Roggenkultur" unternehmen die Besucher eine ganz besondere Reise. Sie begeben sich auf die vielfältigen Spuren des Roggens, des Goldes der Region. Das wertvolle Getreide spielte im Fichtelgebirge einst eine große Rolle, denn der vergleichsweise anspruchslose Roggen, der auf den kargen Böden ertragreich gedieh, sicherte die Brotversorgung der Bevölkerung.

Vom Anbau über die Ernte bis hin zum kostbaren Brot – in inspirierender Umgebung werden die Besucher eingeladen, nicht nur allerlei Wissenswertes über das Gold der Region zu lernen, sondern auch sich Zeit zu nehmen, innezuhalten und nachzudenken. Sehen, Hören, Anfassen, Verkosten, Ausruhen und Meditieren, all das ist in der ausgefallenen Ausstellung möglich. Gegliedert ist das ROGG-IN in vier Themenbereiche, die Information und Poesie kombinieren und den Besuch zu einem faszinierenden Erlebnis machen. In der „Schleuse des Halbwissens" kann man zunächst sein aktuelles Wissen über Roggen testen, während sich im goldenen Kubus „Das Gold der Region" alles um die Roggenpflanze, Anbaubedingungen und Wachstumsphasen dreht. Mehr über die inneren Werte und einzelnen Bestandteile des Roggens erfahren die Besucher im Bereich „Gesundheit aus dem Korn". Der mühsame Weg vom reifen Korn bis zum köstlichen Roggenbrot, der viel Sorgfalt und Geduld verlangt, wird in der „Poesie der Verarbeitung" aufgezeigt.

TIPP Ausgewählte Werke internationaler Künstler verleihen dem Roggengarten eine ganz einzigartige Note.

Anschließend können die Besucher im Einklang mit der Natur den Roggengarten erkunden. Auf drei Feldern, die in einer dreigliedrigen Fruchtfolge bewirtschaftet werden, lässt sich das aktuelle Wachstumsstadium der Roggenpflanzen beobachten. Dazwischen sorgen Grünflächen für Entspannung und Ruhe. Einmal im Jahr wird hier die Roggenernte gefeiert. Dabei kann man erleben, wie Roggen früher geschnitten, zu Garben gebunden und gedroschen wurde. Eine spannende Erfahrung, für Familien wie Kulturbegeisterte gleichermaßen!

ROGG-IN, Pädagogisch-Poetisches Informationszentrum für Roggenkultur, Goethestraße 25, 95163 Weißenstadt am See
www.rogg-in.de
ÖPNV: Bus 7, 9, 23, 24, Haltestelle Kirche, Schule, Egerbrücke oder Poststraße

Unterirdisches Labyrinth

 28 *Der Kellerwald in Forchheim*

Er gilt als der größte Biergarten der Welt – und das zu Recht, denn mit 23 Bierkellern und 30.000 Sitzplätzen auf einer Fläche von rund 20.000 Quadratmetern ist der Kellerwald in Forchheim auf jeden Fall rekordverdächtig!

Inmitten zahlreicher Schatten spendender Bäume werden neben frisch gezapftem, kühlem Bier aus Forchheimer Brauereien auch köstliche fränkische Spezialitäten angeboten, wie es sich für einen zünftigen Biergarten eben gehört. Doch was hat es mit dem Keller auf sich? Der Hochwald am Stadtrand von Forchheim verfügt über ein unterirdisches Labyrinth aus mehreren kilometerlangen Gängen. Diese Keller dienten Hunderte Jahre lang zur Reife und kühlen Lagerung des schmackhaften goldgelben Gerstensaftes. Da es sich schon früher empfahl, das Bier dort zu trinken, wo man es lagert, wurden kurzerhand Tische und Bänke aufgestellt. Die Kellerwirtschaften waren geboren.

Zwar haben die Felsenkeller durch moderne Brautechniken ihre einstige Funktion verloren, doch es gibt die beliebten Schankbetriebe nach wie vor. Von April bis Oktober gehen Einheimische ebenso wie Gäste regelmäßig „auf den Keller", um dort gemütliche Stunden in dieser besonderen Atmosphäre zu verbringen. In einigen Kellerwirtschaften kann man sich heutzutage auch außerhalb der offiziellen Bierkellersaison mit Bier und Brotzeit bis hin zu gehobener Küche verwöhnen lassen.

TIPP *Ein Besuch des Kellerwaldes lässt sich prima mit einer Wanderung verknüpfen.*

Ein Highlight im Kellerwald-Jahr ist das Annafest, das Ende Juli für elf Tage den Kellerwald in Ausnahmezustand versetzt. Dann erwarten die Besucher neben etlichen heimischen Biersorten auch Kesselfleisch, Musik von sechs Bühnen und jede Menge Kirmestrubel.

Wer einmal hinter die Kulissen blicken möchte, sollte an einer Bierkellerführung teilnehmen. Diese findet während der Bierkellersaison jeden letzten Sonntag im Monat statt und lüftet die Geheimnisse rund um die faszinierenden Felsenwände sowie die Forchheimer Bier- und Brautradition. Urgemütlich und originell!

⊙ **Kellerwald Forchheim, Auf den Kellern, 91301 Forchheim**
⊙ **ÖPNV: Bus 261, Haltestelle Kellerwald**

Tierische Glücksboten

 Das Storchennest in Hochstadt am Main

Er gilt als Glücksbringer, Frühlingsbote und Überbringer des Nachwuchses: der Weißstorch. Rund 300 Brutpaare der gefährdeten Vogelart gibt es noch in Bayern. Eines davon lebt jedes Jahr im Storchenhorst auf dem Dach der Bezirksklinik in Hochstadt am Main. Die großen Vögel mit ihren leuchtend roten Schnäbeln, den langen Beinen, dem weißen Gefieder und den schwarzen Schwingen gelten seit langer Zeit als Symbol des Glücks. Adebar, wie der Storch in einigen deutschen Mundarten genannt wird, bringt dem Volksglauben nach den Menschen in einem weißen Tuch die Neugeborenen.

Seit den 1980er-Jahren gibt es spezielle Schutzprogramme des Landesbundes für Vogelschutz (LBV), um den natürlichen, von Flussauen, Sümpfen und Feuchtwiesen geprägten Lebensraum der Weißstörche zu erhalten. Der Nachwuchs der Weißstörche wird bevorzugt auf Hausdächern, Schornsteinen oder Masten ausgebrütet. Die Nester, wie auch das in Hochstadt, bestehen aus Ästen, und können über die Jahre bis zu vier Meter hoch werden. Ihr Durchmesser beträgt bis zu zwei Meter. Nicht

TIPP Auf der Weißstorchkarte des LBV erfährt man, wo aktuell Weißstörche leben und brüten.

verwunderlich, dass ein Storchenhorst mehrere Hundert Kilogramm wiegen kann – kein Vergleich zu seinen drei bis vier Kilogramm schweren Bewohnern!

Glückssucher können in Hochstadt die Störche von Anfang April bis Mitte Juni beim Ausbrüten des Nachwuchses entdecken. Nach rund dreißig Tagen Brutzeit schlüpfen die kleinen Weißstörche, die anschließend rund fünfzig bis sechzig Tage im Nest verbleiben. Schon nach sieben Wochen sind die Jungtiere so groß wie ihre Eltern, und bereits nach drei Monaten trennen sie sich von ihnen und gehen auf ihre eigene Reise. Wer den Storchenhorst beobachtet, kann mit etwas Glück das markante Schnabelklappern hören. Nicht umsonst werden die majestätischen Tiere, die eine Flügelspannweite von bis zu zwei Metern haben, als Klapperstörche bezeichnet. Auch bei einem Spaziergang oder einer Radtour rund um Hochstadt entdeckt man die Weißstörche immer wieder, zum Beispiel bei der Futtersuche.

○ Storchenhorst Hochstadt am Main, Hauptstraße 13, 96272 Hochstadt am Main
○ ÖPNV: Bahnhof Hochstadt-Marktzeuln

Zottelige Gesellen

 Die Hochlandrinder rund um Kleintettau

Karge Berge, endlose Weiten und mystische Seen – mit der Landschaft der schottischen Highlands haben die nördlichen Ausläufer des Naturparks Frankenwald nicht ganz so viel gemein. Daher traut man seinen Augen kaum, wenn man hier einem schottischen Hochlandrind gegenübersteht. Die zotteligen, gemütlichen Tiere aus der nordwestlichsten Region Schottlands sind bereits seit den 1980er-Jahren in Kleintettau heimisch. Die Ansiedelung der Highland Cattles im alten Glasmacherdorf war aus der Not heraus geboren: Nachdem 1978 der letzte Vollzeit-Landwirt des Dorfes seinen Hof aufgegeben hatte, musste eine nachhaltige Lösung zur Bewirtschaftung der Kulturlandschaft gefunden werden. So schlossen sich einige Visionäre zur Schottischen Hochlandrinderzucht Frankenwald GmbH zusammen und besiedelten die brachliegenden Flächen rund um Kleintettau mit den ersten Kyloe-Cattle-Rindern.

Doch warum ausgerechnet Hochlandrinder? Ganz einfach: Die mittlerweile rund 140 Tiere weiden das Grasland schonend und trotzdem gründlich ab. Auf den naturbelassenen Wiesen finden sie alles, was sie brauchen. Außerdem kommen die Highland Cattles mit dem oberfränkischen Klima bestens zurecht und verbringen selbst harte Winter mit viel Schnee und eisigen Temperaturen im Freien. Die Kühe müssen zudem nicht gemolken werden, denn die Milch ist ausschließlich für die kleinen, wuscheligen Kälber.

TIPP *Spezialitäten aus Hochlandrinderfleisch gibt es im Hofladen sowie bei der Metzgerei Kraus in Kronach und Tettau.*

Nachdem sich das Hochlandrinder-Projekt im Frankenwald schnell als Erfolg herausstellte, machte das Konzept schon bald in ganz Deutschland Schule. Heute werden hierzulande sogar mehr Tiere gehalten als in ihrem Ursprungsland Großbritannien! Während Naturliebhaber sich auf wildromantische Begegnungen am Weidezaun freuen, lassen die Spezialitäten aus Hochlandrinderfleisch die Herzen von Feinschmeckern höherschlagen. Die sehr gute Qualität des durchwachsenen, wildähnlichen Fleisches kann man beispielsweise als Hochlandrinderbratwurst, als auf Bergwiesenheu geschmorten Braten oder herrlich saftigen Burger genießen.

⊙ **Schottische Hochland-Rinderzucht Frankenwald, Kleintettau, 96355 Tettau**
⊙ **ÖPNV: Bus 8342, 8346, 8347, 8348, Haltestelle Kleintettau Friedrichsdamm oder Fa. C. A. Heinz**

Brauchtum erleben

 Die historische Tanzlinde zu Peesten

Tanzen in luftiger Höhe? Ja, das geht! Und zwar inmitten eines wundervoll duftenden, Schatten spendenden Blätterdachs!

Die historische Tanzlinde zu Peesten wartet mit einem fast 90 Quadratmeter großen Tanzsaal auf – inmitten ihrer mit hellgrünen Blättern bewachsenen Äste und Zweige. Der hölzerne Tanzboden auf drei Metern Höhe wird von zwölf Sandsteinsäulen getragen und ist ganz bequem über eine geschwungene steinerne Wendeltreppe aus dem Jahr 1837 erreichbar. Die Geschichte der Tanzlinde reicht jedoch noch viel weiter zurück! Der ursprüngliche Baum wurde wahrscheinlich zwischen 1550 und 1600 gepflanzt und zeichnete sich durch ein Gerüst mit Geländer sowie eine Plattform inmitten der Äste aus, auf der getanzt werden konnte.

Die heutige Peestener Linde, die eine geheimnisvolle Flaschenpost in ihrem Wurzelwerk trägt, wurde 1951 an der Stelle ihrer zuvor abgestorbenen Vorgängerin gepflanzt. 2001 war der Baum schließlich so groß gewachsen, dass wieder eine Holzkonstruktion nach alten Plänen errichtet werden konnte. Seitdem trägt die Sommerlinde mit ihrer jahrhundertealten Tradition erneut zum kulturellen Leben des Dorfes bei. So ist die Tanzlinde inmitten des Dorfplatzes Mittelpunkt vieler Veranstaltungen, wie Theateraufführungen und Konzerte. Und am zweiten Sonntag im Juni wird bei der traditionellen Lindenkirchweih im mächtigen Baumsaal das Tanzbein geschwungen.

TIPP *Die oberfränkischen Tanzlinden lassen sich auf einem rund 30 Kilometer langen Rundweg per Rad erkunden.*

Rund um den Stamm des unvergleichlichen Naturdenkmals und Wahrzeichens von Peesten lädt eine Bank zum Verweilen und Entspannen ein. Umrahmt wird der besondere Baum im historischen Ortskern vom Giech'schen Schloss aus dem Jahr 1725, der Marienkirche und dem alten Schulhaus. Er ist neben den Tanzlinden in Limmersdorf und Langenstadt die einzige Tanzlinde in Franken, auf der noch zur Kirchweih getanzt wird. Ein wundervolles Erlebnis, das ganz sicher für einzigartige Glücksgefühle sorgt!

> **Tanzlinde Peesten, 95359 Kasendorf**
> www.tanzlinde-peesten.de

Genuss im Grünen

 32 *Schlemmen in Augustins Gartencafé in Effeltrich*

Die Staudengärtnerei Augustin am Ortseingang von Effeltrich, einem kleinen Dorf unweit der ehemaligen fränkischen Königsstadt Forchheim, ist alles andere als eine gewöhnliche Gärtnerei! Inmitten von mehr als 2500 Staudenarten und -sorten, üppig blühenden Pflanzen, handgemachter Keramik, uralten Eichenholzfässern, hübsch dekorierten Blechgießkannen und plätscherndem Wasser entdecken Besucher ein kleines mintgrünes Glashaus, das einen Hauch französischen Charme versprüht. Es ist das Gartencafé der Augustins. Ein Ort fern vom Trubel des Alltags, der inmitten des grünen Paradieses dazu einlädt, die Seele baumeln zu lassen und die Natur in vollen Zügen zu genießen.

In den farbigen Glasfenstern des kleinen Cafés spiegeln sich die Sonnenstrahlen, während oberhalb des Seerosenteichs hübsch gedeckte Tische zum Schlemmen verführen. Denn im Gartencafé verwöhnt nicht nur das einzigartige Ambiente die Sinne! Zwischen 9 und 11 Uhr wird auf Vorbestellung ein köstliches Frühstück aus frischen, hochwertigen Zutaten im Grünen serviert. Zur Wahl stehen das kleine Süße, das bunte Vegetarische oder das große Gartenfrühstück. Alles ist mit viel Liebe zum Detail angerichtet und schmeckt einfach herrlich – kein Wunder in dieser traumhaften Garten-Kulisse!

TIPP *In der Gärtnerei lockt ein kleiner Markt mit alten Möbeln, hübschem Geschirr und tollen Einzelstücken.*

Die hausgemachten Kuchen sind besonders nachmittags sehr beliebt. An heißen Tagen sorgen zudem selbst gemachte Rosmarin- oder Gartenkräuter-Limonade für Erfrischung. Serviert werden die leckeren Köstlichkeiten auf handverlesenem Geschirr aus Omas Zeiten. Das Café ist von Mitte März bis Mitte November wochentags geöffnet. An kühleren Tagen sorgt der Kachelofen im Gartenpavillon für eine gemütliche Atmosphäre, während passend zur Jahreszeit raffinierte Suppen oder ein deftiger Flammkuchen – stilecht serviert auf dem Holzbrett – genussvolle Glücksmomente bescheren. Und wer noch etwas an seinem grünen Daumen feilen möchte, kann einen Blick hinter die Kulissen der Gärtnerei werfen und beispielsweise lernen, wie man Stauden vermehrt.

○ **Gartencafé Augustin, Neunkirchener Straße 15, 91090 Effeltrich**
www.stauden-augustin.de/cafe
○ **ÖPNV: ab Forchheim Bus 208, 224, 256, Haltestelle Effeltrich Linde**

Natur & Tiere der Heimat

 33 *Der WildPark Schloss Tambach*

Es ist eine ganz besondere Kombination, die den WildPark Schloss Tambach ausmacht: ein wunderschönes Barockschloss aus dem 17. Jahrhundert, ein märchenhafter Schlosspark im englischen Stil und ein naturnaher Lebensraum für Wildtiere wie Greifvögel. Mehr als 250 Tiere, wie Damwild, verschiedene Hirscharten oder Wildschweine, aber auch bedrohte Arten wie Fischotter, Luchse, Wisente oder Mufflons sind auf dem rund 50 Hektar großen Areal zu Hause.

Dieses wurde von Alram Graf zu Ortenburg Anfang der 1970er-Jahre in einen Ort für natürliche Arterhaltung und Umweltschutz umgewandelt. Dank der großzügigen, teils begehbaren Gehege können die Tiere fast wie in freier Natur aus nächster Nähe beobachtet werden. Ein einzigartiges Erlebnis sind auch die Flugvorführungen mit faszinierenden Greifvögeln wie Falken, Geiern und Adlern. Der Bayerische Jagdfalkenhof, der hier angesiedelt ist und zahlreiche bedrohte Greifvogelarten züchtet, bietet einen spannenden Einblick in die Herkunft und Lebensweise der imposanten Tiere.

TIPP *Auch das Schloss mit seiner herrlichen Schlosskirche und der WaldErlebnisPfad lohnen einen Besuch.*

Doch nicht nur die Tierwelt des WildParks lohnt einen Besuch. Je nach Jahreszeit präsentiert sich der malerische Schlosspark mit seinem prachtvollen alten Baumbestand, sanft plätschernden Bachläufen sowie den weitläufigen Wiesenflächen in einem anderen Gesicht. Im Frühjahr verzaubern nicht nur die traumhaft blühenden japanischen Kirschbäume, sondern auch mehr als 40.000 Narzissen, die die Wiesen in ein goldgelbes Blütenmeer verwandeln. Wenig später sorgen Rhododendren, Azaleen, blühende Stauden, Iris, Rosen, Hortensien und Dahlien in der romantischen Parkanlage für einen bunten Blütenreigen. Ein ganz besonderes Naturerlebnis ist der Herbst, der das Laub der Bäume in den unterschiedlichsten Gelb-, Rot- und Brauntönen leuchten lässt. Zu dieser Zeit brunften auch die Hirsche. Im Winter legt sich schließlich eine zauberhafte Stille über den WildPark, und Lagerfeuer spenden bei einem Besuch wohltuende Wärme.

Wildpark Schloss Tambach, Am Wildpark 3, 96479 Weitramsdorf
www.wildpark-tambach.de
ÖPNV: Bus 8301, Haltestelle Tambach

Schmackhafte Leckereien

 ## Der Hofer Wärschtlamo

Er ist der wohl bekannteste Bewohner der Stadt: der Hofer Wärschtlamo! Der mobile Würstchenverkäufer blickt in der oberfränkischen Stadt auf eine lange Tradition zurück. Bereits seit 1871 bietet er mit einem lauten Pfiff gefolgt vom traditionellen Ruf „Haaß sen sa – kolt wern sa" (Heiß sind sie – kalt werden sie) seine leckeren original Hofer Würste feil. Damals schickte ein findiger Metzger den ersten Hofer Wärschtlamo Johann Georg Hahn los, um nicht darauf zu warten, dass die Leute zur Wurst kommen, sondern die Wurst unter die Leute zu bringen. Seither prägen sie mit ihrer traditionsbewussten, ehrlichen und freundlichen Art das Stadtbild und gelten als Inbegriff der Hofer Lebensart.

In manchen Familien vererbte sich der Beruf des Wärschtlamo sogar von Generation zu Generation. Mit ihrem tragbaren Wärschtlakasten, einem Messingkessel mit Holzkohlenrost, einer Büchse mit Senf und einem großen Henkelkorb mit Brötchen, den „Laabla", sind die Hofer Wärschtlamänner schnell zu erkennen. Außerdem tragen sie eine typische Berufskleidung, bestehend aus einer wetterfesten Lederjacke, einer weißen Schürze sowie der flach gedrückten „Patschkappn" auf dem Kopf. An mehreren, teils festen Standorten in der Innenstadt, zum Beispiel in der Lorenzstraße, beim Oberen Tor und in der Altstadt, stehen die Genuss-Botschafter zu jeder Jahreszeit – montags bis freitags ganztags sowie am Samstagvormittag.

TIPP Die Hofer Wärscht gibt es auch beim Metzger vor Ort, am besten schmecken sie aber direkt vom Wärschtlamo.

Zur Auswahl stehen neben Wiener Würstchen auch Knackwürste, Weißwürste und sogenannte Bauern (Debrecziner). Diese werden im Wasserdampf über den glühenden Kohlen des Kessels erhitzt, was den Hofer Leckereien ihr besonders schmackhaftes Aroma verleiht. Je nach Geschmack kommt dann noch etwas Senf obendrauf. Einfach köstlich und ein kulinarisches Muss für alle Besucher der Stadt – Glücksgefühle inklusive!

○ Hofer Wärschtlamo, Innenstadtbereich, 95028 Hof
○ ÖPNV: nahezu alle Stadtbuslinien, Haltestellen Sonnenplatz oder Oberes Tor

Sagenumwobener Kraftort

 35 *Die Ruine Heilingskirche in Neufang bei Wirsberg*

Ein Hauch längst vergangener Zeiten weht um die Ruine der Heilingskirche auf einer Anhöhe südöstlich von Neufang. Das kleine Dorf am
Fuße des Frankenwaldes nahe Wirsberg ist eng verbunden mit der Geschichte dieses sagenumwobenen Ortes. Von der ehemaligen denkmal-
geschützten Wallfahrtskirche ist nur noch die westliche Giebelfront mit
einem stichbogenförmigen Portal sowie einem Schlitzfenster erhalten –
ein Überbleibsel, das zu einer kleinen Zeitreise einlädt.

Erbaut wurde die Kirche im 13. oder 14. Jahrhundert, erstmals urkundlich
erwähnt wurde sie 1469. Im Zuge der Reformation Anfang des 16. Jahrhunderts verfiel die Heilingskirche zunehmend und durfte ab 1564 zum
Bau neuer Gebäude, wie dem Neufanger Schulhaus, abgetragen werden.
Auch verschiedene Häuser und Ställe des Dorfes wurden aus Steinen
der Heilingskirche errichtet. Einer Sage zufolge kehrten einige dieser
Steine, die tags zuvor aus dem Gemäuer ausgebrochen wurden, über
Nacht wie von Geisterhand fest eingefügt an ihren ursprünglichen Platz
in der Kirche zurück. Auch wurden die Bauleute mit ihren Neubauten
nicht recht glücklich. In einer anderen Sage ist von wertvollen Schätzen die Rede, die in den unterirdischen Ge-
wölben und Gängen der Kirche verborgen sein sollen: so
zum Beispiel zwölf goldene Apostelfiguren, die dort vor
den Hussiten versteckt wurden.

TIPP Wanderfreunde erreichen die Kirchenruine
auch über das „Frankenwald-
Steigla" Goldener-Falk-Weg.

Die den Drei Heiligen Marien geweihte Wallfahrtskirche ist alles andere
als ein pompöses Gotteshaus und dennoch ein überaus sakraler Ort,
der zum Kraft- und Energietanken einlädt. Man spürt die Besonderheit
des jahrhundertealten, schlichten Gemäuers mit seiner ehrlichen, einfachen Ausstrahlung. Der stete Wind auf dem Höhenzug erinnert an
die enge Verbundenheit mit der Natur, während man an die Ruinenkirche
angelehnt sitzend einen herrlichen Fernblick hinein ins Kulmbacher
Land genießt. Ein sagenhafter Glücksort voller Ruhe und Stille.

○ **Ruine Heilingskirche, Neufang, 95339 Wirsberg**
○ **ÖPNV: Bus 8350, Haltestelle Neufang**

Ein Hauch Meeresbrise

 36 *Die „Heil"-Salzgrotte*

Durchatmen, wohlfühlen und dabei die Selbstheilungskräfte aktivieren? Das geht in der Salzgrotte des Biohofs Heil. Die ehemalige Milchkammer des Bauernhofs bei Marktrodach ist nicht wiederzuerkennen: Fünf Tonnen wundervoll beleuchtetes rosa-orangefarbenes Kristallsalz verleihen dem kleinen Raum eine einzigartige Atmosphäre und machen ihn zu einer Oase der Ruhe und Entspannung.

Ein Ort, der dafür geschaffen ist, sich zu erholen und neue Kraft zu tanken – denn das Wissen um die wohltuende und heilende Wirkung von Salzkristallen ist ein uralter Erfahrungsschatz. Die salzhaltige und ionisierte Luft, die mit wertvollen Mineralien und Spurenelementen angereichert ist, unterstützt die Gesundheit, reduziert Stress und sorgt für ein harmonisches Wohlbefinden von Körper, Geist und Seele. Wer in das Salzklima-Ambiente eintaucht, darf es sich in bequemer Kleidung und mit warmen Wollsocken an den Füßen auf einer der Relax-Liegen unter einer kuscheligen Decke gemütlich machen und das wunderschöne Farbspiel des Salzes beobachten. Während man dann bei angenehmen 20 bis 23 Grad dem Plätschern der Sole im Schwarzdorn-Gradierwerk und der ruhigen Entspannungsmusik lauscht, rückt der Alltag Stück für Stück in weite Ferne. Nun heißt es einfach nur tief durchatmen, den feinen Salznebel inhalieren und das entspannende Mikroklima, das dem Meeresklima sehr nahekommt, in vollen Zügen genießen. Und keine Sorge: Einschlummern ist bei so viel Entspannung ausdrücklich erlaubt.

TIPP *Wer in die Salzgrotte möchte, sollte vorher telefonisch einen Termin vereinbaren.*

Nach der Salzsitzung lädt auf dem Biohof Heil der kleine Salzladen nebenan mit zahlreichen Wohlfühlartikeln rund ums Salz, wie Salzlampen, Rauchsalz zum Würzen oder verschiedenen Aromaölen, zum Stöbern ein. Daneben erhält jeder Besucher zum Abschied einen leckeren Salzbonbon. Die Salzgrotte ist übrigens ganzjährig ein tolles Wellness-Erlebnis: im Winter kuschlig warm, im Sommer angenehm kühl!

🔴 **Biohof Heil, Waldbuch 2, 96364 Marktrodach**
🔴 **ÖPNV: Bus 8355, Haltestelle Waldbuch**

Weiße Blütenpracht

 37 *Unterwegs auf dem Pretzfelder Kirschenlehrpfad*

Die Fränkische Schweiz zählt mit ihren rund 200.000 Kirschbäumen auf etwa 2500 Hektar zu den größten Kirschenanbaugebieten in Deutschland. Jedes Frühjahr verwandelt sich die von zahlreichen Obstgärten geprägte Landschaft rund um das Walberla in ein zartes weißes Blütenmeer. Ein atemberaubendes Naturschauspiel, das sich am besten bei einer Wanderung auf dem Pretzfelder Kirschenlehrpfad erkunden lässt! Auf etwa zehn Kilometern führt der Kirschenweg durch den Naturpark rund um das kleine Örtchen Pretzfeld vorbei an Tausenden blühenden und herrlich duftenden Bäumen. Je nach Witterungsbedingung ist der beste Zeitpunkt für die Wanderung Mitte/Ende April. Dann zeigen sich die weißen Blüten der Süßkirsche in ihrer vollen Pracht und ziehen die staunenden Wanderer in den Bann. Unterwegs gibt es an 15 Stationen mit informativen Schautafeln allerlei Wissenswertes zum Kirschenanbau in der Region, zur umliegenden Natur und zur Geschichte der roten Frucht in der Fränkischen Schweiz zu erfahren. Viele der Streuobstwiesen-Besitzer verarbeiten ihre Früchte beispielsweise nicht nur zu köstlichen Marmeladen oder Süßspeisen, sondern stellen aus dem roten Steinobst in eigenen kleinen Brennereien auch edle Destillate her. Die Schnäpse, Geiste und Brände werden oft direkt am Hof verkauft und eignen sich bestens als Mitbringsel.

TIPP Dank des tagesaktuellen Online-Blütenbarometers findet man schnell den perfekten Zeitpunkt für die Wanderung.

Auch während der Kirschenernte lohnt sich ein Ausflug nach Pretzfeld. Nach einer Reifezeit von rund 60 Tagen werden die reifen, duftenden Früchte im Juni geerntet. Für Leckermäuler ist dies ein toller Zeitpunkt für die Wanderung. Zahlreiche Verkaufsstände laden entlang des Weges zum Genießen der süßen Früchte ein. Den krönenden Abschluss der rund dreistündigen Wanderung durch die wunderschönen Kirschengärten bildet eine Einkehr auf dem Pretzfelder Bierkeller, wo im Juli aus Dankbarkeit und Freude auch das Pretzfelder Kirschenfest gefeiert wird.

> ◉ Kirschenlehrpfad Pretzfeld, Kirche St. Kilian, Hauptstraße 21, 91362 Pretzfeld
> ◉ ÖPNV: mit der agilis-Bahn von Forchheim oder Ebermannstadt nach Pretzfeld, dann kurzer Fußweg zum Startpunkt an der Kirche

Kaffeekultur vom Feinsten

 38 *Das Kaffeehaus Krumm&Schief in Bamberg*

Ein echter Glücksort für Kaffeeliebhaber ist das Krumm&Schief in der Bamberger Altstadt. Das kleine, feine Kaffeehaus tischt zahlreiche Varianten des schwarzen Goldes auf, denn die sorgfältig ausgewählten Bohnensorten werden auf ganz unterschiedliche Art und Weise verarbeitet. Gewählt werden kann zwischen neuen und alten Zubereitungsarten. So wird dank Filterkaffee, French Press oder italienischer Zubereitung das Beste aus den Bohnen, die aus der Rösttrommel Privatrösterei in Nürnberg stammen, herausgeholt. Wer also frisch gebrühten Kaffee wie bei Oma oder im Italien-Urlaub möchte, ist hier genau richtig.

Man merkt sofort, dass das Team sein Handwerk bestens beherrscht und regelmäßig Barrista-Workshops besucht. Dank Latte Art wird jede Kaffeespezialität zu einem genussvollen Kunstwerk – auf Wunsch auch mit Soja-, Hafer- oder laktosefreier Milch. Mit original Bamberger Bier, hausgemachten Limonaden (natürlich auch mit Kaffee-Geschmack!) oder besonderen Limonaden aus aller Welt stehen zudem erfrischende Getränke auf der Karte. Zum Frühstück gibt es Cornflakes oder Granola,

TIPP Über dem Kaffeehaus findet man die Bar freiraum.

während für den kleinen Hunger zwischendurch leckere gegrillte Sandwiches, Suppe oder Kuchen und Cookies zur Auswahl stehen – selbstverständlich mit viel Liebe hausgemacht. Auch Vegetarier und Veganer werden hier fündig. Ein besonderes Highlight sind die leckeren Zimtschnecken im Krumm&Schief, die man am besten mit einem warmen Getränk genießt. Dazu passend ist die gemütliche, rustikale Einrichtung des alten Hauses, das an manchen Stellen wirklich etwas krumm und schief ist. Die Backsteinwände der Stube sorgen für eine heimelige Atmosphäre, in der eine Auswahl an Zeitschriften zum Schmökern einlädt – selbstverständlich rund um das Thema Kaffee. Daneben gibt es auch einige der gängigsten Tageszeitungen. In der kalten Jahreszeit sorgt ein Kachelofen für kuschelige Wärme, während die Gäste im Sommer im außergewöhnlich eingerichteten Innenhof Platz nehmen. Im Krumm&Schief gibt es alles, was das Herz eines Kaffee-Liebhabers höherschlagen lässt!

Kaffeehaus Krumm&Schief, Kapuzinerstraße 17, 96047 Bamberg
www.facebook.com/kaffeehauskrummundschief
ÖPNV: Bus 904, 906, 910, 915, 916, 938, 940, 941, 952, 957, 994, Haltestelle Am Kranen

Herrliches Stadtpanorama

 ## 39 *Der Schießgraben in Kulmbach*

Er ist ganz sicher einer der schönsten Plätze der Markgrafenstadt: der Schießgraben im Zentrum von Kulmbach.

Auf den ersten Blick ist es eine ganz normale Straße, auf den zweiten Blick eröffnet der Schießgraben jedoch einen tollen Ausblick auf die Altstadt mit ihren zahlreichen Sehenswürdigkeiten. Besonders bei Sonnenuntergang, wenn die tief stehende Sonne die Gebäudefassaden in ein malerisches, sanftes Licht taucht, fühlt man sich hier zur richtigen Zeit am richtigen Ort. Im Vordergrund ragen die Häuser der Altstadt mit der Petri-Kirche, der vermutlich ältesten Kirche Kulmbachs, und dem Roten Turm in die Höhe, der als Teil der Stadtbefestigung zu den ältesten Bauwerken der Stadt zählt.

Im Hintergrund thront hoch oben die mächtige Plassenburg mit ihren dicken Mauern und kleinen Türmen. Den besten Blick auf das Stadtpanorama hat man auf der Straßenseite direkt gegenüber der katholischen Stadtkirche „Unsere liebe Frau". Von hier lässt sich das Ensemble in seiner ganzen Pracht genießen. Je länger man hinsieht, desto mehr

 TIPP   Ein kleines Picknick mitnehmen!

Details lassen sich in der Stadtansicht, die fast wie ein Gemälde wirkt, entdecken: vom bunt bemalten Bauwagen im üppig blühenden Garten direkt unterhalb des Aussichtspunktes über die roten Backsteingebäude mit ihren schmucken weißen Fenstern inmitten der Altstadt bis hin zu den prächtigen historischen Denkmälern der Stadt.

Wer gerne malt, wird hier mit Sicherheit in Versuchung geraten, seine Staffelei herauszuholen und einfach draufloszupinseln. Oder man setzt sich gemütlich auf die kleine Mauer am Straßenrand und lässt sich von der Aussicht in den Bann ziehen. Der Schießgraben in Kulmbach: ein absoluter Lieblingsplatz!

⊙ **Schießgraben, 95326 Kulmbach**
▷ **ÖPNV: Bahnhof Kulmbach, Bus 8344, 8351, 8352, 8353, 8354, 8355, 8434, 8435, Haltestelle ZOB Kulmbach**

Seltenes Naturschauspiel

 40 *Die Sinterstufen an der Lillachquelle*

Oberfranken hat vieles zu bieten, doch am eindrucksvollsten ist wohl seine Natur. Ein ganz seltenes Naturphänomen sind die Sinterstufen bei Weißenohe im Naturpark Fränkische Schweiz, die über die letzten 10.000 Jahre entstanden sind.

Kurz hinter dem Ortsteil Dorfhaus entspringt die Lillach, ein sogenannter Kalktuffbach. Diese seltenen Bäche entstehen nur dort, wo sehr kalsteinhaltiger Boden vorhanden ist, wie in der Karstlandschaft der Fränkischen Schweiz. Regenwasser wäscht durch eine chemische Reaktion mit Kohlenstoffdioxid einen Teil des Kalks aus dem Gestein, wodurch das Wasser der Lillach stark mit Kalk angereichert wird. Durch kleine Wasserfälle und Verwirbelungen im Flusslauf fällt der Kalk aus, und feine Kalknadeln lagern sich an den im Wasser wachsenden Pflanzen ab. Diese sind elementar wichtig für die Entstehung der märchenhaften Kaskaden. Die Moose und Pflanzen wachsen über die verkalkte Schicht hinaus, um der Verkrustung entgegenzuwirken. So bildeten und bilden sich über viele Jahrzehnte die zauberhaft aussehenden Tuffe, die jährlich nur rund zwei bis drei Millimeter wachsen. Die wertvollen Kalktuffterrassen, auch Sinterstufen genannt, bilden ein sensibles Ökosystem, das ein Rückzugsgebiet für viele seltene und vom Aussterben bedrohte Tiere und Pflanzen ist. Neben Feuersalamandern, der Wasseramsel und großen Libellen entdecken Naturliebhaber in diesem idyllischen Kleinod auch rund 120 Schmetterlingsarten und viele seltene Käfer. Um das wunderschöne Schauspiel zu schützen, wurden die Sinterstufen zu einem Naturdenkmal erhoben und in eine Schutzzone umgewandelt.

Wer zur Lillachquelle und den malerischen Sinterstufen wandern möchte, spaziert entlang des markierten Wanderweges (Gelb-Strich). Die rund zwei Kilometer lange Strecke führt von Dorfhaus durch die wunderbar ursprüngliche Natur des romantischen Teufelsgrabens. Unterwegs informieren verschiedene Tafeln über die Besonderheiten der Flora und Fauna des Lillachtals.

TIPP Um das sensible Ökosystem zu schützen, ist es wichtig, die gekennzeichneten Wege nicht zu verlassen.

🔵 Sinterterrassen im Lillachtal, 91367 Weißenohe
🔴 ÖPNV: R21, Bus 212, 223, Haltestelle Bahnhof Weißenohe

Idyllische Flusslandschaft

 41 *Mit dem Kajak auf der Wiesent*

Einsteigen und lospaddeln! Das wildromantische Wiesenttal im Herzen der Fränkischen Schweiz ist ein einzigartiges Eldorado für Wassersportler und Naturliebhaber zugleich. Vom Kanu oder Kajak aus lässt sich die idyllische Landschaft aus einer faszinierenden Perspektive erleben. Vorbei an markanten Felsen, mittelalterlichen Burgen wie der Burg Rabeneck und sattgrünen Wiesen schlängelt sich die Wiesent elegant durch das malerische Tal. Sanft und nahezu lautlos durch das Wasser gleitend, lässt sich die Natur hautnah erleben.

Im fränkischen Wildwasser kommen dabei sowohl Anfänger als auch Fortgeschrittene auf ihre Kosten, und auch für einen entspannten Ablauf ist gesorgt: Treffpunkt ist der Bootsverleih am Wanderparkplatz in Doos. Hier erhalten die Kanu- und Kajakfahrer die nötige Ausrüstung. Anschließend werden sie mit Kleinbussen zum Ausgangspunkt ihrer gewählten Tour gebracht und am vereinbarten Ziel wieder abgeholt.

Einen gemütlichen Ausflug für Klein und Groß verspricht die ruhige Kurzstrecke von Waischenfeld nach Doos. Dank der seichten Strömung gibt es genug Zeit, die umliegende Landschaft zu entdecken und beim entspannten Paddeln die Seele baumeln zu lassen. Für die rund fünf Kilometer lange Strecke braucht man etwa zwei Stunden. Wer es etwas rasanter mag, sollte die anspruchsvollere, spritzige Tagestour ausprobieren. Nach dem Start in Doos gilt es, die Boote mit viel Geschick durch die nun lebhafte Wiesent mit vielen kleinen Stromschnellen zu manövrieren. Auch hier verzaubert die traumhafte Kulisse der Fränkischen Schweiz die Wassersportler. Auf der wahlweise 9, 14 oder 18 Kilometer langen Tour lädt der Biergarten Sachsenmühle zu einer stärkenden Pause ein. So kann man den Paddelausflug bequem bis nach Muggendorf oder Streitberg fortsetzen. Die Schönheit entlang der Wiesent kann man außerdem auch auf der 28 Kilometer langen Flusswanderfahrt – der einzigen noch erlaubten in der Fränkischen Schweiz – auf erlebnisreiche Art und Weise genießen. Ein spritziges Abenteuer!

TIPP Es werden auch Programme mit Bogenschießen, Abenteuerwanderung oder Höhlenfeier und Barbecue angeboten.

▶ **Kajak Mietservice an der Wiesent, Doos 19, 91344 Waischenfeld**
www.kajak-mietservice.de

Kultur auf der Peunt

 Das Kleine Museum in Weißenstadt

„Kunst wäscht den Staub des Alltags von der Seele" – und erweckt wahre Glücksgefühle! Picassos Zitat entdecken Besucher im Kleinen Museum in Weißenstadt, das im Jahr 2007 seine Pforten erstmals geöffnet hat. Und zwar in einem alten Postamt auf der Peunt, einem Ort östlich der alten Stadtmauer, der für seine üppig blühenden und ertragreichen Wiesen bekannt war.

Nun soll das Kleine Museum Früchte der Kunst und Kultur tragen. Für Museumsgründerin Dr. Laura Krainz-Leupoldt ist es wie eine Pflanze, die ausgesät wurde, um aus ihrem Samen andere aufblühen zu lassen. Ihre Leidenschaft für Kunst ist überall spürbar. Auch das Glück blüht hier auf, denn ein Besuch des Kleinen Museums ist wirklich alles andere als alltäglich: Es ist faszinierend, spannend und inspirierend. Schon beim Anblick des Gebäudes, das vom italienischen Künstler und Architekten Marcello Morandini völlig neu gestaltet wurde, lässt sich erahnen, was den Besucher erwartet. Klare geometrische Formen und starke Kontraste dominieren die Architektur. Licht und Schatten, Hell und Dunkel, Schwarz und Weiß charakterisieren nicht nur das Museum, sondern auch einen großen Teil der ausgestellten Kunst.

TIPP *Im Museumseintritt ist eine interessante Führung durch die Ausstellungsräume inklusive!*

Schlichte Gegensätze, die in ihrer Kombination eine eindrucksvolle Wirkung entfalten. Werke international renommierter Künstler, die sonst nur in den großen Museen der Welt zu sehen sind, ziehen den Betrachter in ihren Bann. Neben einer Dauerausstellung mit ausgesuchten Werken Morandinis sind auch wechselnde Ausstellungen moderner Kunst zu sehen.

Wichtig ist, sich Zeit zu nehmen, die Kunstwerke und Installationen auf sich wirken und den Gedanken freien Lauf zu lassen. Bei einer Entdeckungsreise durch das Museum begegnen einem verschiedenste zeitgenössische Werke – von konkreter über konstruktivistische bis hin zu kinetischer Kunst. Licht, Zeit und Raum. Kunst, die nicht nur zum Betrachten, sondern insbesondere auch zum Nachdenken und Interagieren einlädt. Kultur auf der Peunt: klein, aber oho!

▶ **Das Kleine Museum – Kultur auf der Peunt, Goethestraße 15, 95163 Weißenstadt**
www.kleinesmuseum-weissenstadt.de
▶ **ÖPNV: Bus 7, 9, 23, 24, Haltestelle Kirche, Schule, Egerbrücke oder Poststraße**

DAS KLEINE MUSEUM
KULTUR AUF DER PEUNT

Einfachheit der Form entspricht nicht unbedingt einer Einfachheit
Simplicity of shape does not necessarily equate with simplicity of meaning

Faszinierende Pflanzenwelt

 43 *Die Frankenwarte bei Hirschberglein*

Die hügelige Landschaft des Naturparks Frankenwald ist geprägt von Wiesen, Wasser und Wald, genauer gesagt Fichtenwald. Ganz anders schaut es jedoch auf dem 679 Meter hohen Hirschhügel zwischen Bad Steben und Geroldsgrün aus. Hier steht seit 1951 die Frankenwarte des Frankenwaldvereins. Umgeben ist der 8,5 Meter hohe, runde Steinturm oberhalb des Dorfes Hirschberglein von einer für die Region eher untypischen Flora und Fauna. Der von großen, aus Diabasbrekzien bestehenden Felsblöcken bedeckte Hügel ist mit Flechten, Moosen sowie Kraut- und Halbstrauchpflanzen bewachsen. Diese gedeihen durch die besondere Kombination aus der Trockenheit des felsigen Standortes und dem zugleich ausgesprochen nährstoffreichen Boden, der durch den verwitternden Diabas entsteht.

Doch nicht nur die spezifische Pflanzenwelt macht den Hirschhügel in Hirschberglein zu einem besonderen Ort. Auch die Aussicht lässt die Herzen der Besucher höherschlagen. Während sich die Landschaft im Osten nur sanft neigt, schließen sich im Westen die tief eingekerbten Täler des Westfrankenwaldes an. Im Nordosten erheben sich die Randhöhen des Höllentals, Lichtenberg sowie Bad Steben, während der Blick im Westen bis zu den Höhenzügen bei Nordhalben reicht. Im Süden lassen sich Geroldsgrün, der Spitzberg und Schneidberg sowie dahinter etwas versteckt die höchste Erhebung des Frankenwaldes, der 794 Meter hohe Döbraberg, am Horizont erkennen. Wer sich nach Südosten wendet, schaut ins Fichtelgebirge bis zum Waldstein und Kornberg hinein.

Erkunden lassen sich Hirschhügel und Frankenwarte am besten bei einer Wanderung. Auf dem Seifengrund-Weg, dem Stemmer Steig oder dem Wasserscheidenweg kommen neben Wanderfreunden besonders auch Naturliebhaber auf ihre Kosten.

TIPP In Hirschberglein lädt die Apfelstrudel-alm des Bergfreunde-Vereins zur genussvollen Einkehr.

○ Frankenwarte, Hirschberglein, 95179 Geroldsgrün

Feines in der guten Stube

44 Das Hopfen & Malz in Coburg

Hereinspaziert in die gute Stube, denn Hopfen & Malz macht glücklich! So verspricht es der Slogan des kleinen Lokals in der Coburger Innenstadt. Und das Versprechen wird gehalten!

Die gute Stube, die mit ihrer gemütlichen Einrichtung an Omas Wohnzimmer erinnert, sorgt schon beim Betreten des Restaurants für eine heimelige Wohlfühlatmosphäre. Durch die offene Küche erhält die urige, altmodische Stube einen modernen Touch. Bis zu 35 Personen können hier Platz nehmen und einen wunderbar entspannten Abend erleben. Neben leckeren fränkischen Bier- und Weinspezialitäten genießen die Gäste auch frisch zubereitete regionale Köstlichkeiten, denn aus Liebe zum Essen wird, wo es geht, nur das Beste aus der Region verwendet. So stammen Gemüse, Fisch, Käse und Fleisch von Partnern aus Coburg sowie dem Umland. Wer genau welche Produkte liefert, kann man sogar in der Speisekarte nachlesen.

Diese verzaubert die Gäste nicht nur mit Klassikern wie Wiener Schnitzel mit hausgemachtem Kartoffelsalat oder einem wunderbar zart gebratenen Rumpsteak mit gerösteten Kartoffeln und Tomatensalsa, die im Hopfen & Malz beide sehr zu empfehlen sind, sondern auch mit einer großen Vielfalt an vegetarischen und veganen Gerichten. Egal, ob Vorspeise, Hauptgang oder Nachspeise! Erfrischender Wildkräutersalat, würzige Bärlauchpasta oder ein knusprig geröstetes Bauernbaguette – hier geht niemand hungrig nach Hause. Auch dank des zuvorkommenden Service, der großen Portionen und der raffinierten Zubereitung der Leckereien. Die kleine, aber feine Speisekarte wird regelmäßig durch aktuelle saisonale Empfehlungen ergänzt und bietet so auch für Stammgäste immer wieder eine tolle Abwechslung. Im Sommer wird die gute Stube kurzerhand nach draußen verlegt: Der kleine Innenhof wird dann zum gemütlichen Biergarten. Fazit: Wer eine herrliche Genussauszeit sucht und sich etwas Gutes tun möchte, ist in der guten Stube des Hopfen & Malz genau richtig!

TIPP **Besser einen Tisch reservieren!**

● Hopfen & Malz, Oberer Bürglaß 12, 96450 Coburg
● ÖPNV: alle Stadtbuslinien, Haltestelle Theaterplatz

Mediterranes Flair

 45 *Die Terrassengärten von Hollfeld*

Bei einem gemütlichen Spaziergang durch die malerischen Gassen der historischen Altstadt von Hollfeld gelangt man unweigerlich zu den prächtigen Terrassengärten. Zu fast jeder Jahreszeit schmücken zahlreiche blühende Pflanzen die Anlage am südlichen Hang der alten Stadtmauer gleich neben dem alten Wehrturm St. Gangolf.

Wo sich schon früher ein Kräutergarten befand, entstanden im Zuge einer Sanierung die Terrassengärten. Heute finden sich hier seltene und besondere, aber auch typisch fränkische Pflanzen, die allesamt ein trockenwarmes Klima bevorzugen. Dieses entsteht durch den Schutz und die Wärme der Stadtmauer und verleiht den Gärten ihren mediterranen Charme. Die einzelnen Ebenen sind durch Treppen verbunden und laden zu einer gemütlichen Entdeckungstour ein. Vom Aussichtspavillon eröffnet sich ein toller Blick über die mittelalterliche Kleinstadt. Zwischendurch kann man es sich auf einer Bank bequem machen, den Blütenduft einatmen, die wärmenden Sonnenstrahlen auf der Haut genießen, dem Summen der Bienen lauschen und durch die Lüfte tanzende Schmetterlinge beobachten. Wer die Augen schließt, könnte fast meinen, er wäre im Urlaub im sonnigen Süden!

TIPP *Im Hollfelder Blumenparadies finden auch wechselnde Ausstellungen und Veranstaltungen statt.*

Überall blüht und duftet es: Im Frühjahr dominieren Narzissen, Wildtulpen und typische Pflanzen der Fränkischen Schweiz wie Küchenschelle, Schlüsselblume und Felsen-Hungerblümchen die Beete, während wenig später die Blüte der Lilien sowie des Brennenden Busches hinzukommen. Im Juni, der Hochphase des farbenprächtigen Pflanzenparadieses, zeigen die meisten Orchideen und auch die Kakteen ihre Pracht. Der Hochsommer steht ganz im Zeichen der Rosenblüte. Daneben bezaubern Lavendel und Flieder mit ihrem Duft. Wenig später erstrahlen Trompetenblume sowie Sonnenhut, Alant, Malven und Ochsenauge. Jetzt weht auch der feine Duft des Kräutergartens um die Nasen der Besucher. Im Herbst prägen die Ähren des Federgrases den Garten, während Bartblume, Herbstanemone und Safrankrokus noch einmal mit der Sonne um die Wette strahlen.

● **Terrassengärten, Gangolfsberg, 96142 Hollfeld**
● **ÖPNV: Bus 378, 969, 975, Haltestelle Langgasse**

Designverliebt

 46 *Shoppen im vivere! in Kronach*

Glück kann man zwar nicht kaufen, aber im vivere! in Kronach kommt man dem Ganzen schon sehr nahe. Zumindest kann man den ein oder anderen kleinen Glücksbringer ergattern – und natürlich noch viel mehr! Seit mehr als 15 Jahren bringt das Wohnstudio im Herzen der Lucas-Cranach-Stadt die Augen seiner Kunden mit individuellen Wohnkonzepten, geschmackvollen Möbeln und stilsicheren Accessoires zum Leuchten. Wer sich gerne mit schönen Dingen umgibt und ein Faible für Design hat, ist bei Norbert Ruff und seinem Team daher bestens aufgehoben. Von wunderschönem Geschirr über liebevolle Papeterie und edle Stoffe bis hin zu witzigen und ausgefallenen Deko-Objekten wird im vivere! einiges angeboten. Auch wer auf der Suche nach einem Mitbringsel zur nächsten Dinner-Party oder einem stilvollen Geburtstagsgeschenk ist, wird hier sicher fündig. Im Sortiment sind zahlreiche namhafte Hersteller und Marken rund um das Thema Einrichten vertreten. Möbel von Christine Kröncke, Leolux, COR, Schönbuch Raumplus, Kettnaker oder interlübke werten die heimische Wohnlandschaft

TIPP *Das vivere! bietet auch ganze Wohnkonzepte von der Planung bis zum Einbau aus einer Hand an.*

ebenso auf wie Accessoires von Räder, Philippi, Stelton, Hey Sign, Eva Solo, Blomus, Arte Bene oder Tobias Grau. An den Mann gebracht wird die zeitlos schöne Produktpalette von freundlichen und kompetenten Mitarbeitern, die einem jederzeit mit Rat und Tat sowie hilfreichen Tipps zur Seite stehen. Daneben sorgt die durchdacht gestaltete Ausstellungsfläche für neue Inspiration und lässt die Ideen sprießen. So kann man schon mit Kleinigkeiten seinem Wohnzimmer, dem Flur oder dem Büro einen neuen Schliff verleihen und für Wohlfühlatmosphäre sorgen. Egal, ob man mit einem konkreten Wunsch oder einfach nur zum Bummeln und Stöbern ins vivere! kommt, eines ist sicher: Mit leeren Händen geht es eher selten nach Hause.

Für mehr Glück und Harmonie in den eigenen vier Wänden! Wohnen, Einrichten und Wohlfühlen – mit den Interior-Spezialisten des vivere! kein Problem.

vivere!, Andreas-Limmer-Straße 16, 96317 Kronach
www.vivere-wohnen.de
ÖPNV: Bus 8332, Haltestelle Kaulanger

Erfrischendes Kleinod

 47 *Das Naherholungsgebiet Mainaue*

Nur einen Katzensprung vom Kulmbacher Stadtzentrum entfernt, lockt das Naherholungsgebiet Mainaue mit Erholung pur. Das herrliche Naturparadies, von den Einheimischen auch liebevoll „Kieswäsch" genannt, ist besonders im Sommer bei Klein und Groß beliebt, denn die Möglichkeiten sind vielfältig.

An heißen Tagen kann man hier einen Sprung ins kühle Nass wagen, ein entspanntes Sonnenbad nehmen oder einen Spaziergang um den See machen und anschließend den Sonnenuntergang im Biergarten genießen. Dabei kommen besonders Wassersport-Fans auf ihre Kosten, denn an der Mainaue, die übrigens auch mit einer hervorragenden Wasserqualität punktet, stehen kostenlose Umkleiden und Duschen zur Verfügung. Der See lädt jedoch nicht nur zum Schwimmen und Planschen ein, es darf auch gesurft oder mit kleinen Booten darauf gefahren werden. Für Angler gibt es zudem einen eigenen, abgegrenzten Bereich.

Nach dem Wasserspaß laden die umliegenden Rasenflächen mit Schatten spendenden Bäumen zu einer erholsamen Pause ein. Doch diese währt bestimmt nicht lange, denn auch an Land kann man sich aktiv betätigen: Die kleinsten Besucher toben sich am liebsten am Buddelplatz aus, wohingegen auf dem Beachvolleyballfeld regelmäßig spannende Matches stattfinden. Wer von der Bewegung an der frischen Luft hungrig geworden ist, holt sich am besten einen leckeren Snack oder ein erfrischendes Eis am Kiosk.

TIPP Wer zu Fuß oder mit dem Rad unterwegs ist, kann seine Tour bis zum Mainzusammenfluss ausdehnen.

Während im Sommer reger Badebetrieb herrscht, hat man im Frühjahr und Herbst die Kieswäsch oft für sich alleine und genießt die Ruhe der Natur in vollen Zügen. Dann kann man gemütlich auf dem Steg sitzen, die Beine im Wasser baumeln lassen und die kleinen Wellenspiele auf der Wasseroberfläche beobachten. Im Winter lässt der zugefrorene See hingegen die Herzen von Schlittschuhläufern höherschlagen, die dann ihre Runden auf dem Natureis drehen. Die Kieswäsch am Kulmbacher Stadtrand ist ein wahres Kleinod zu jeder Jahreszeit!

● Naherholungsgebiet Mainaue, 95336 Kulmbach
● ÖPNV: Bus 8344, Haltestelle Burghaig Weinbrücke, Bus 8434, 8435, Haltestelle Melkendorf Bahnhof

Auf historischen Pfaden

 48 *Der Nothelferweg bei Lichtenfels*

Von Klosterlangheim über die malerische Hochfläche des Jura bis nach Vierzehnheiligen führt einer der schönsten Wanderwege des Lichtenfelser Landes: der rund fünf Kilometer lange Nothelferweg.

Der historische Pfad verbindet bereits seit 1448 das ehemalige Zisterzienserkloster mit einer Kapelle, an deren Stelle heute die prächtige Basilika Vierzehnheiligen thront. Zunächst führt der einfache Weg vorbei an Wiesen und Feldern durch die sanft geschwungene Hügellandschaft des Jura. Im Schatten eines herrlichen Mischwaldes geht es dann stetig ansteigend hinauf bis zum Weißen Kreuz. Unterwegs begegnen einem immer wieder modern inspirierte Skulpturen aus Corten-Stahl mit seiner typischen Rostpatina. Sie erinnern an das Leben und Wirken der 14 Nothelfer. Die wichtigsten Attribute der Heiligen bilden dabei mit den Namen des Nothelfers ein Kreuz, das aus der Platte ausgestanzt wurde. Geschaffen wurden die Skulpturen von der Künstlerin Manuela Schaller. Mit den schlichten Platten kreierte sie einen bewussten Gegenentwurf zur figürlichen Darstellung der Heiligen am Gnadenaltar in Vierzehnheiligen. So kann sich der Wanderer auf dem Weg sein eigenes Bild des Nothelfers machen, ehe er am Ziel die barocken Figuren in ihrer kirchlichen Interpretation sieht.

TIPP *Der Nothelferweg ist besonders für kulturinteressierte oder spirituelle Wanderer geeignet.*

Am Ende des Anstiegs können sich die Wanderer mit einem kurzen Abstecher zum Viktor-von-Scheffel-Blick belohnen. Der Aussichtspunkt beeindruckt mit einem spektakulären Blick über das obere Maintal. Mit neuer Kraft geht es anschließend weiter in Richtung Vierzehnheiligen. Nach rund einer Stunde Gehzeit erreicht man die berühmte Wallfahrtsbasilika, die zwischen 1742 und 1772 von Balthasar Neumann nach einer Legende erbaut wurde. 1445 erschien darin einem Schäfer in mehreren Visionen Christus mit den 14 Nothelfern. Nach dem Besuch des Gotteshauses lockt die alte Klosterbrauerei mit Bräustüberl und Biergarten zur Stärkung. Alternativ können Wanderer auch im Landgasthof Klosterhof in Klosterlangheim einkehren.

○ Nothelferweg, Klosterlangheim, 96215 Lichtenfels
○ ÖPNV: Bus 1212, 1213, 1214, Haltestelle Klosterlangheim Kloster

Handwerk & Genuss

49 *Zu Besuch im Töpferei-Café Kunzmann*

Handwerkskunst und kulinarischer Genuss perfekt vereint: In einem rund 180 Jahre alten Bauernhaus nahe dem mittelalterlichen Gräfenberg verwöhnt Familie Kunzmann ihre Gäste in einem wundervollen Töpferei-Café. Das liebevoll und behutsam in viel Eigenarbeit renovierte Anwesen lockt an den Wochenenden zahlreiche Besucher an. Denn hier erwarten sie nicht nur köstliche Leckereien, sondern auch traditionelle Handwerkskunst.

Die Keramikmeisterin und der Holzbauingenieur stellen in den gemütlichen Räumlichkeiten ihre selbst hergestellten Waren aus und schaffen so ein ganz besonderes Flair. Die hauptsächlich auf der Drehscheibe hergestellten, handbemalten Keramiken können im angrenzenden Café sogleich auf ihre Tauglichkeit getestet werden. Die hausgemachten Kuchen und Torten, leckere Quiches sowie herzhafte Brotzeiten, selbstverständlich mit saisonalen wie regionalen Produkten, werden stilvoll auf dem selbst getöpferten Geschirr serviert. Dazu gibt es neben einer feinen Auswahl an offenen Tees und bestem Kaffee auch erfrischende Säfte und Limonaden, eine Auswahl an heimischen Bieren und Weine aus Franken. Die urige, alte Wirtsstube mit hausgeschreinertem Mobiliar sorgt dank des wärmenden Kachelofens besonders an kühlen Tagen für ein behagliches Ambiente. Hier schmeckt ein orientalischer Kaffee mit Kardamom und dazu eine leckere Baiser-Torte besonders gut. Im Sommer ist der wunderschöne, leicht verwilderte Garten mit seinem herrlichen alten Baumbestand und zahlreichen lauschigen Plätzchen der ideale Ort für genussvolle Stunden im Grünen. Hier kann man entspannt die Sonne genießen, die Seele baumeln lassen und einen leckeren Eiskaffee genießen.

Highlights sind die regelmäßig in der Stube sowie in der Scheune stattfindenden Abendveranstaltungen. Tolle Konzerte und spannende Lesungen ziehen dann das Publikum in den Bann und bescheren den Gästen wundervolle Stunden. Kunst und Genuss: Das Töpferei-Café Kunzmann ist immer einen Ausflug wert!

TIPP Da nur begrenzt Platz ist, sollte man lieber reservieren.

🔴 **Café und Töpferei Kunzmann, Neusles 9, 91322 Gräfenberg**
www.toepferei-cafe-kunzmann.de
🔴 **ÖPNV: Bus 226, Haltestelle Neusles**

Die Welt im Kleinformat

 Der Fernweh-Park Signs of Fame

Eine einzigartige Reise führt durch den Schilderwald des Fernweh-Parks in Oberkotzau nahe Hof: Auf nur wenigen Quadratmetern ist hier der ganze Globus vertreten. Und zwar durch mehr als 4000 Schilder und Ortstafeln aus aller Welt. Verknüpft ist der Park mit einer wichtigen Botschaft: Er symbolisiert grenzenlose Freiheit und Völkerverständigung. So wurde der Fernweh-Park auch an einem besonderen Datum ins Leben gerufen: dem 9. November 1999, exakt zehn Jahre nach dem Fall der Mauer. Gegründet wurde er vom Dokumentarfilmer Klaus Beer, der nach einer Dokumentation über Kanada die Idee des dortigen Sign Post Forest aufgriff und nach Deutschland brachte. Anders als sein Vorbild dient der Fernweh-Park hierzulande jedoch als völkerverbindendes Friedensprojekt. Zahlreiche Politiker und Prominente wie Angela Merkel und Hans-Dietrich Genscher, Kevin Costner, Denzel Washington und sogar der Dalai-Lama unterstützen das Projekt für die Zusammengehörigkeit aller Völker, für Toleranz und Weltoffenheit mit signierten Starschildern. Zusätzliche Handabdrücke in Ton symbolisieren das Heben der Hand für den Frieden in der Welt. Daneben hängt in der ersten Reihe des Fernweh-Parks ein Schild der Welt mit dem Slogan „Give peace a chance".

TIPP Neben dem Park wurde ein Amphitheater errichtet, das für Veranstaltungen genutzt wird.

Den Großteil des Parks machen jedoch die zahlreichen Ortsschilder aus, die dem Besucher mit teils skurrilen Namen an der ein oder anderen Stelle ganz sicher ein Lächeln ins Gesicht zaubern. Das bunte Sammelsurium an Schildern aus aller Welt wächst rasant, denn jeder kann sich mit einem mitgebrachten Schild verewigen. So entsteht ein multikultureller, kunstvoller und vielfältiger Ort, der zu einer kleinen Weltreise einlädt.

Was man sonst teils nur in fernen Ländern entdeckt, begegnet einem hier auf kleinstem Raum. Man träumt sich in die schillerndsten und aufregendsten Metropolen der Welt, springt von Kontinent zu Kontinent und taucht in die faszinierenden Geschichten hinter den Tafeln ein. Reisen macht glücklich – sei es auch nur im Fernweh-Park.

Fernweh-Park, Fabrikstraße 11, 95145 Oberkotzau
www.fernweh-park.de
ÖPNV: Bahnhof Oberkotzau, ca. 950 Meter Fußweg

Kurzurlaub für die Seele

51 *Der Ökologisch-Botanische Garten in Bayreuth*

Einmal um die Welt: Dieser Traum wird für die Besucher des Ökologisch-Botanischen Gartens bei einem Spaziergang durch die verschiedenen Klimazonen wahr. Dabei taucht man in eine grüne Oase mit rund 12.000 Pflanzenarten aus allen Teilen der Erde ein und kann für wenige Stunden alles um sich herum vergessen.

Im Botanischen Garten können Besucher jedoch nicht nur Ruhe finden und inmitten der Natur neue Kraft tanken, sondern auch Wissenswertes über Botanik lernen. Ein Highlight sind die unterschiedlich klimatisierten Gewächshäuser. Schon beim Betreten des Tropenwaldhauses strömt einem der verführerische, süßliche Duft zahlreicher Blüten entgegen. Verschlungene Pfade führen durch das Nebelwaldhaus mit der Lorbeerwaldflora der Kanarischen Inseln, während man sich im kühleren Mangrovenhaus wie im Regenwald fühlt. Feuchter Nebel hängt in der Luft, und Seerosen tanzen auf dem kleinen See. Begleitet vom Plätschern des Wassers, dem Surren der Insekten und dem Zwitschern der Vögel erlebt man eine einzigartige Welt. Auch im Freigelände lässt sich vieles

TIPP Schatzsucher können auf digitale Schnitzeljagd gehen, denn durch den Garten führt eine Geocaching-Tour.

entdecken, zum Beispiel der Pflanzenreichtum der gemäßigten nördlichen Hemisphäre mit Wäldern sowie Heide-, Moor- und Steppengebieten. In kurzer Zeit wandert man von Nordamerika nach Asien und über den Himalaja zurück nach Europa. Hier erfreut der Nutzpflanzengarten mit einer Streuobstwiese voller Äpfel, Birnen, Zwetschgen, Kirschen und Quitten, die im Sommer von Fuchsschafen beweidet wird. Ein besonderes Schauspiel bietet die Natur im Wandel der Jahreszeiten, in denen sie sich immer wieder neu entdecken lässt. Im gesamten Garten laden Sitzgelegenheiten zum Verweilen und Entspannen ein – zum Beispiel rund um die kleinen Seen, an denen man sich die Sonne ins Gesicht scheinen lassen und die glitzernden Lichtspiele auf dem Wasser beobachten kann. Übrigens: Der Garten kann auch bei einer interessanten, kostenlosen Themen-Führung – vom Obstbaumschnitt über die Kraft der Heilpflanzen bis hin zu japanischen Exoten – erkundet und bestaunt werden.

○ **Ökologisch-Botanischer Garten der Universität Bayreuth, Universitätsstraße 30, 95447 Bayreuth**
www.obg.uni-bayreuth.de
○ **ÖPNV: Bus 304, 306, 316, Haltestelle Universitätsverwaltung**

Schlemmen & Shoppen

 Bummeln durch die Sandstraße in Bamberg

Gesäumt von zahlreichen kleinen, schmucken Fachwerkhäusern mit ihren farbenfrohen Fensterläden lädt die Sandstraße im Herzen der Bamberger Altstadt zum gemütlichen Bummeln ein. Die dank der jährlich Ende August stattfindenden Sandkirchweih wohl bekannteste Straße der Universitätsstadt lockt mit liebevoll geführten Läden, hübschen Cafés, urigen Kneipen und typisch fränkischen Brauereigaststätten.

Das Zuckerstück beispielsweise macht seinem Namen alle Ehre. Das Ladencafé verzaubert mit einem gekonnten Mix aus Omas Zeiten und skandinavischer Gemütlichkeit. Leckere Kuchen wie Schweizer Rüblitorte, Schokoladentarte oder ein klassischer Gugelhupf – selbstverständlich nach Omas Originalrezept – stehen genauso auf der Karte wie kleinere herzhafte Leckereien. Genießen lassen sich die Köstlichkeiten drinnen und bei schönem Wetter auch draußen, wo man sich vom einzigartigen Flair der Sandstraße in den Bann ziehen lassen kann. Die Tischchen sind stilecht mit blumenverziertem Geschirr, Besteck und Zuckerdöschen aus Omas Zeiten gedeckt und tragen zur besonderen Atmosphäre des Ladencafés bei. Daneben gibt es im Zuckerstück allerlei wunderschöne Dekoration und Mitbringsel zu erstehen. Auch die Papeterie im Sand, Frau Fischer oder das Stick Café lohnen einen Besuch.

TIPP **Wer auf der Suche nach schönen Bamberg-Souvenirs ist, wird in der Sandstraße mit Sicherheit fündig.**

Direkt unterhalb des Domberges und des Michelsberges gibt es für Glückssucher aber noch viel mehr zu entdecken! Zu den Highlights im Sandgebiet mit seinen verwinkelten Gassen, alten Fachwerkhäusern und eindrucksvollen Palais verschiedener Baustile und Epochen, die das Straßenbild prägen und Teil des Weltkulturerbes sind, zählt das romantische Regnitzufer „Am Leinritt". Der malerische Blick auf Bambergs Klein Venedig verspricht Postkartenidylle pur! Wer fränkische Brautradition erleben möchte, für den ist das Schlenkerla ein Muss. Die historische Rauchbierbrauerei ist für ihren besonderen Gerstentrunk weit über die Grenzen der Bamberger Altstadt bekannt.

● **Sandstraße, 96049 Bamberg**
● **ÖPNV: Bus 910, 916, Haltestelle Elisabethenstraße oder Domplatz**

Fränkische Wirtshauskultur

53 *Die Staffelberg Bräu in Loffeld*

Nicht nur für Bierliebhaber ist die Staffelberg Bräu in Loffeld ein absoluter Geheimtipp, auch Freunde der fränkischen Küche kommen hier voll auf ihre Kosten. Frisch und deftig: Im Bräustübel, einem echten Brauerei-Wirtshaus, werden vom traditionellen Schäufele über die Schlachtplatte bis hin zu Forellen und Karpfen echte Klassiker aufgetischt. Dabei bleiben keine Wünsche offen: Die saftigen Braten stammen aus eigener Schlachtung, die Klöße werden nach traditionellem Familienrezept zubereitet, und das Gemüse ist nicht nur saisonal, sondern auch regional. Abgerundet wird das köstliche Essen von einer urig-gemütlichen Einrichtung und typisch fränkischer Gastlichkeit. Eine Kombination, die sich bewährt hat, schließlich wird das Traditionswirtshaus bereits in der sechsten Generation von der Familie Geldner-Wehrfritz geführt.

Zum leckeren Essen schmeckt am besten das aus Bergquellwasser, heimischer Gerste und hochwertigem Hopfen selbst gebraute Staffelberg Bräu. Einheimische wie Gäste schätzen die süffigen Biere der Privatbrauerei mit ihrem einzigartigen, frischen Geschmack. Mit insgesamt zwölf Sorten wird am Fuße des Staffelbergs eine abwechslungsreiche Vielfalt geboten. Dabei ist eines klar: Tradition verpflichtet – ob beim Bratenrezept oder im Brauhandwerk! Daher kommt auch beim Brauen seit 1856 nur höchste Qualität infrage. Das macht sich bezahlt. Gleich mehrere Sorten wurden bereits mit dem international geschätzten „European Beer Star" ausgezeichnet und versprechen einen besonderen Genuss.

TIPP Unter „KULTur im Brauereisaal" finden auch Musik- und Kabarettveranstaltungen statt.

Das i-Tüpfelchen sind aber weder Schäufele noch Bier. Wer vom Gastraum aus dem Fenster blickt, genießt eine grandiose Aussicht auf den Staffelberg, den Hausberg und Namensgeber der Brauerei. So ist es nicht verwunderlich, dass das Markenzeichen der kleinen Privatbrauerei ein rot-blauer Zwerg mit einem Maßkrug in der Hand ist. Das kleine Wesen geht auf die Querkele zurück, die der Sage nach einst in der Querkeleshöhle des Staffelberges wohnten.

● Staffelberg Bräu, Mühlteich 7, 96231 Bad Staffelstein
www.staffelberg-braeu.de
● ÖPNV: Bus 1212, 1227, Haltestelle Loffeld

112

Königlich flanieren

54 *Der Coburger Schlossplatz*

Wahrlich königliche Gefühle weckt der eindrucksvolle Schlossplatz der ehemaligen Residenzstadt Coburg. Umrahmt von imposanten historischen Bauwerken lädt er zum Flanieren und Staunen ein. Als Vorhof zu Schloss Ehrenburg, dem ehemaligen Residenzschloss der Herzöge von Sachsen-Coburg, in den Jahren zwischen 1830 und 1837 gestaltet, sorgt er noch heute für eine bemerkenswerte Kulisse.

Der weitläufige Platz im Herzen der Stadt wird auf der Südseite von Schloss Ehrenburg begrenzt. Direkt gegenüber liegt das klassizistische Gebäude des Coburger Landestheaters, an das sich östlich davon das ehemalige Palais Edinburgh im Stil der Neurenaissance anschließt. In der Mitte thront, umrahmt von einem Blumengarten-Rondell, ein Denkmal von Herzog Ernst I. Seinen unverwechselbaren Charakter erhält der Schlossplatz jedoch nicht nur durch diese architektonisch interessanten Bauwerke, sondern vor allem auch durch die Arkaden an der Ostseite. Der Terrassenbau mit seinen Bögen und Säulen bildet den Übergang in den Hofgarten, der im Stil eines englischen Landschaftsparks gestaltet ist und sich bis hinauf zur Veste Coburg zieht. Im unteren Bereich des Hofgartens beeindruckt das Reiterdenkmal von Herzog Ernst II. Die rund 30 Hektar große Gartenanlage lädt ihrerseits zu tollen Erkundungstouren inmitten ihrer herrlichen Natur ein.

TIPP Im Sommer finden vor der imposanten Kulisse des Schlossplatzes zahlreiche Open-Air-Konzerte statt.

Wer auf den Spuren längst vergangener Zeiten wandelt und sich in den Bann einstiger Monarchien ziehen lässt, kann sich auf einer der zahlreichen Bänke rund um den Schlossplatz etwas Ruhe gönnen und dabei seinen Gedanken freien Lauf lassen. Wie mag es hier wohl ausgesehen haben, als Viktoria, Königin von Großbritannien und Irland sowie Kaiserin von Indien, zu Besuch war und über den Platz wandelte? Man kann es nur erahnen … Doch mit etwas Fantasie erwachen bei einem Spaziergang auf dem Schlossplatz wahrlich majestätische Gefühle!

⊙ **Schlossplatz, 96450 Coburg**
⊙ **ÖPNV: alle Stadtbuslinien, Haltestelle Theaterplatz**

Intakte Naturoase

 55 *Die Örtelbergweiher nahe Forchheim*

Ein Spaziergang entlang der Örtelbergweiher in Forchheims Norden ist eine wahre Wohltat für die Seele! Besonders am frühen Morgen im Frühjahr oder Herbst, wenn sich der Nebel langsam hebt und die Frösche ein Konzert der Extraklasse geben, fühlt man sich wie in einer anderen Welt. Aber auch zu jeder anderen Tages- und Jahreszeit sorgen die Spazierwege für Erholung und Naturgenuss vom Feinsten. Die Ruhe wird nur vom Gezwitscher der Vögel und dem Wind, der durch die dichten Schilfgräser rund um die Weiher streift, unterbrochen. Über das Wasser gleiten elegant die Schwäne, und Libellen tanzen scheinbar schwerelos durch die Lüfte, während in Ufernähe ein Reiher im Wasser watet. Glücksgefühle, so weit das Auge reicht!

Wer genau hinsieht, entdeckt einige Fische, die sich unter der Wasseroberfläche tummeln. In den rund 20 Weihern am Fuße des Örtelbergs werden Karpfen gezüchtet. Die köstlichen Tiere erfreuen sich großer Beliebtheit, weshalb viele Genießer der Karpfenzeit entgegenfiebern. Im Herbst kommen die fränkischen Spezialitäten dann auf den Teller, zum Beispiel im kleinen Bistro des Feinkostladens Karnbaum in der Forchheimer Altstadt, zu dem die Weiher am Örtelberg gehören. Die Karpfenteichwirtschaft hat bereits eine mehr als 1000-jährige Tradition in der Region und leistet wichtige Beiträge zur Landschaftspflege sowie zum Natur- und Artenschutz, denn in den kleinen Wasserläufen und an den Ufern finden viele Tiere einen Rückzugsraum.

TIPP *Wer mit dem Auto kommt, kann dieses am Picknickplatz an der Landstraße parken und ab da den Wanderweg nutzen.*

Doch nicht nur die Tierwelt profitiert: In einer atemberaubenden Kulturlandschaft wie dieser rückt der Alltag vom ersten Moment an in weite Ferne. Stattdessen steht Entspannung beim gemütlichen Spaziergang an erster Stelle. An der Vielzahl an Pflanzen und Tieren kann man sich kaum sattsehen. Und wer von dieser wundervollen Kulisse nicht genug bekommt, dehnt den Spaziergang am besten zu einer Wanderung aus. Rund um die Weiher ziehen sich zahlreiche Wege durch die herrliche Landschaft.

● **Örtelbergweiher, Am Örtelberg, 91301 Forchheim**

Eisgekühlte Leckereien

56 *Die Eis-Manufaktur Buchberghof*

Schon einmal mit einer Kuh ein Eis gegessen? Nein?! Wie wäre es dann mit einem Besuch der Eis-Manufaktur Buchberghof? 2017 haben Martina und Florian Reichel auf ihrem Bauernhof im Fichtelgebirge eine eigene Eis-Manufaktur gegründet. Entstanden ist die Idee, als sie für ihre 85 Milchkühe einen neuen, besonders artgerechten Freilaufstall gebaut hatten und die Milch nun selbst vermarkten wollten. Seitdem produzieren sie bestes Speiseeis in allen Farben und Geschmacksrichtungen und verbreiten mit ihren erfrischend leckeren Produkten Sommerfeeling pur. Was für eine zart schmelzende Verführung!

Dabei werden natürlich nur die besten Zutaten verwendet: Neben erlesenen Früchten vom Land und regionalen Erzeugnissen wird auch jeden Tag die frische Milch von den eigenen Kühen verarbeitet. Ehrlich und naturbelassen. Süße Erdbeeren, knackige Nüsse oder herbe Schokolade, vereint mit bester Milch – schon der Gedanke daran lässt einem das Wasser im Mund zusammenlaufen! Künstliche Aromen, Farbstoffe und Konservierungsmittel sind hier hingegen fehl am Platz. Nur so entsteht

TIPP Das Eis vom Buchberghof ist auch in vielen Supermärkten der Region erhältlich.

die hervorragende Qualität, die man bei jedem Schlecken schmeckt, egal ob man eine kühle Kugel in der Waffel oder einen leckeren Eisbecher mit Früchten der Saison nascht! Neben traumhaft cremigem Milcheis, das mindestens 70 Prozent Milch enthält, werden auch Joghurt-Eis oder laktosefreie Sorbets angeboten. Die Geschmacksvielfalt reicht von Klassikern wie Schoko, Haselnuss, Erdbeere oder Vanille bis hin zu weißem Kaffee-Eis, Panna cotta, Holunderblüten, Campari oder Lebkuchen und Bratapfel. Ein absolutes Highlight sind das köstliche Eisgebäck und die außergewöhnlichen Eistorten, die nicht nur den Gaumen beglücken, sondern auch ein wahrer Augenschmaus sind.

Natürlich kann man die selbst gemachten Köstlichkeiten auch mit nach Hause nehmen. Und wer nicht genug bekommt, kann sich für eine passende Gelegenheit gleich das Eisauto des Buchberghofs reservieren. Sommer, Sonne und Eis direkt vom Bauernhof: zum Dahinschmelzen!

○ Buchberghof Eis-Manufaktur, Fichtenhammer 7, 95158 Kirchenlamitz
www.buchberghof.eu
○ ÖPNV: Bahnhof Kirchenlamitz-Ost, Bus 4, Haltestelle Kirchenlamitz,
Bus 24, Haltestelle Kleinschloppen

Augenschmaus ohnegleichen

57 *Der Felsengarten Sanspareil*

Die Natur selbst war die Baumeisterin – so schilderte es Markgräfin Wilhelmine in einem Brief, als sie das wundervolle Paradies Sanspareil beschrieb. Und ja, der natürliche Felsenhain im Norden der Fränkischen Alb, aus dem ab 1744 der Felsengarten entstand, war mit seinen bizarren Gesteinsformationen, geheimnisvollen Höhlen und dem herrlichen Buchenwald bereits vor der Anlage des Landschaftsgartens eine mehr als zauberhafte Kulisse. In diese wurden nach und nach einzelne geometrische Gartenbezirke eingebettet. Auf einigen Felsen ließ das Markgrafenpaar Friedrich und Wilhelmine zudem exotisch anmutende Häuschen und Hütten als Rückzugsorte erbauen, von denen die meisten jedoch verfielen oder auf Abbruch verkauft wurden. Heute noch erhalten ist hingegen das imposante Felsentheater, eine spannende Mischung aus Grotte und Ruine. Während der Zuschauerraum unter einem mächtigen natürlichen Felsenbogen liegt, sind Orchestergraben, Kulissenbögen und die Rückwand aus Bruchsteinen gemauert. Inspiriert wurde die Markgräfin beim Bau des Gartens vom Roman „Die Abenteuer des Telemach"

TIPP Im Rahmen des Fränkischen Theatersommers finden im Felsentheater verschiedene Aufführungen statt.

von François de Salignac de la Mothe Fénelon, weshalb im Felsengarten ein Hauch griechischer Antike weht. Die natürlichen Felsformationen stellen mit Kalypsogrotte, Mentorsgrotte oder Vulkanshöhle die Szenerie der homerischen Zauberinsel Ogygia nach und beschreiben die Irrfahrt von Odysseus' Sohn. Noch heute kann man bei einem gemütlichen Spaziergang durch den Felsengarten in diese mystische Welt eintauchen. Beim Anblick der großartigen Naturkulisse soll eine Hofdame „Ah, c'est sans pareil" – „Das ist ohnegleichen" ausgerufen haben, was dem wundervollen Ort seinen Namen verlieh. Eine orientalische Note verbreitet hingegen der Morgenländische Bau, der wie das gesamte Areal in einer Zeit entstand, als der europäische Adel in Pomp und Prunk schwelgte. Mit glitzernden Glasflüssen, bunten Kristallen und Tuffsteinen, die das Äußere schmücken, entführt das Bauwerk die Besucher in das märchenhafte Land der aufgehenden Sonne und lädt zum Träumen ein.

◎ Morgenländischer Bau & Felsengarten Sanspareil, Sanspareil 34, 96197 Wonsees
www.schloesser.bayern.de
◎ ÖPNV: Bus 8435, Haltestelle Wonsees Ortsmitte

Fashion aus Skandinavien

 Entspannt shoppen im Nordstoff in Coburg

Nordische Leichtigkeit und Gelassenheit treffen auf oberfränkische Kleinstadt: Seit 2013 versorgt Nordstoff die Veste-Stadt mit der Mode kleiner skandinavischer Labels. Die Idee für ihren Laden ist Inhaberin Janina May in Köln gekommen. Als sie durch die Läden der Rhein-Metropole streifte, fiel ihr auf, dass ein Laden für nordische Mode in Coburg einfach noch fehlte. Und da sie schon immer etwas „Eigenes" machen wollte, hat sie sich kurzerhand mit Nordstoff einen Traum erfüllt.

Schon beim Betreten merkt man, dass sich die nordische Willkommenskultur auch auf den Laden im Herzen der Stadt ausgebreitet hat. Die offene, freundliche Atmosphäre lädt zum entspannten Shoppen ein – ganz ohne Hektik und Alltagsstress. Abgerundet wird das skandinavische Einkaufserlebnis mit einem netten Gespräch und auf Wunsch einer leckeren Tasse Kaffee.

Das mit viel Liebe zum Detail ausgewählte Sortiment hebt sich von der Masse ab – elegant, stylish und lässig-locker zugleich, eben typisch skandinavisch. Hier findet bestimmt jeder ein Lieblingsteil, denn zu Janinas Philosophie gehört, dass Mode keine Altersfrage ist. Trendorientierte und klassische Bekleidung für Frau und Mann wird durch Accessoires wie Sonnenbrillen, Uhren, Taschen oder Schmuck sowie durch schöne Dinge ergänzt. Dabei kann aus den Kollektionen von Labels wie Modström, Minimum, Gestuz, Sofie Schnoor oder Pop Copenhagen gewählt werden. Neben glamourösen Designs steht auch schlichte Wohlfühlmode zur Auswahl. Eins haben dabei alle Outfits gemeinsam: das sichere Stil- und Modegespür der Skandinavier, die hohe Qualität und einzigartige Details. Egal ob für lange Partynächte oder gemütliche Abende mit Freunden – im Nordstoff findet sich das passende authentische Outfit. Und auch die ganz Kleinen kommen nicht zu kurz, denn für sie gibt es hübsche Kinderrucksäcke und Taschen. Eine ehrliche Beratung, ein nettes Gespräch und zeitlos guter Stil – hier passt einfach alles.

TIPP Tolle nordische Fashion-Inspiration bekommt man auch auf den Social-Media-Kanälen von Nordstoff.

Nordstoff, Herrngasse 10, 96450 Coburg
www.nordstoff.de
ÖPNV: Bus 1, 4, 5, 6/66, 7, 10, Haltestelle Ehrenburg

Grüne Oase am Wasser

 59 *Die Saaleauen in Hof*

Auf rund 430 Kilometern schlängelt sich die Sächsische Saale vom Großen Waldstein im Fichtelgebirge quer durch drei Bundesländer, bis sie schließlich vor den Toren Magdeburgs in der Elbe mündet. Für die Stadt Hof, in Bayern ganz oben, hat der Fluss mit seinen verträumten Auen von jeher eine große Bedeutung. Während die Brauereien am Ufer gute Bedingungen für ihre Felsenkeller fanden, war die Saale für die Textilindustrie als Wasserlieferant praktisch. Daneben wurde die Wasserkraft des Flusses genutzt.

Heute ist die Saale jedoch vor allem eins: ein wunderbar idyllisches Freizeitgewässer. Entlang ihrer im Zuge der Landesgartenschau 1994 renaturierten Auen lässt es sich herrlich entspannen. Die grüne Lunge der Stadt – nur rund 100 Meter vom Rathaus entfernt – lädt mit ihren schönen Wegen entlang des Wassers zum Spazieren, Fahrradfahren und Spielen ein. Am Ufer kann man zudem etwas planschen und schwimmen, was besonders an heißen Tagen für eine erfrischende Abkühlung sorgt. Eintreten können die Besucher der Saaleauen, die sich hauptsächlich zwischen Michaelisbrücke und Friedrich-Ebert-Brücke erstrecken, durch ein außergewöhnlich gestaltetes Wegeobjekt des Künstlers Johannes Peter Hölzinger. Zwölf Meter hohe rote Stangen ragen gen Himmel und scheinen sich wie eine Blüte zu öffnen und so den Weg in den Park symbolisch freizugeben.

TIPP *Wie wäre es mit einem romantischen Sommer-Picknick am Ufer der Saale?*

In den wärmeren Monaten sind die Saaleauen eine beliebte Veranstaltungslocation. Neben dem traditionellen Saaleauen-Fest mit viel Sport, Musik und Informationen rund ums Wasser finden vor der reizvollen grünen Kulisse auch verschiedene Messen statt, etwa die Hofer Sportmesse oder die LebensArt, eine Messe für Garten, Wohnen und Lifestyle. An die parkähnliche Flusslandschaft schließen sich die grünen Hügel des Theresiensteins an. Der Bürgerpark im Norden von Hof ist ebenfalls ein beliebtestes Naherholungsgebiet der Stadt, das auch schon Jean Paul und Goethe zu schätzen wussten.

● Saaleauen Hof, Oberer Anger, 95028 Hof
● ÖPNV: Bus 6, 7, 15, Haltestelle Ottostraße

Der heilige Berg

 60 *Das Walberla bei Forchheim*

Östlich der ehemaligen Königsstadt Forchheim am Rande des Naturparks Fränkische Schweiz erhebt sich die Ehrenbürg, ein markanter Tafelberg, der bereits seit der Bronzezeit Spuren von Besiedelung aufweist. Wenn die Franken von diesem eindrucksvollen, sagenumwobenen Massiv sprechen, ist vom Walberla die Rede. Doch die Ehrenbürg besteht eigentlich aus zwei Gipfeln, die durch ein rund 750 Meter langes Hochplateau miteinander verbunden sind: dem 532 Meter hohen Rodenstein im Süden sowie dem 514 Meter hohen Walberla im Norden.

Seinen Namen hat das Walberla vermutlich von der heiligen Walburga, der die Walburgis-Kapelle auf der Ehrenbürg geweiht ist. Das kleine Kirchlein wurde im 17. Jahrhundert auf dem Hochplateau erbaut. Zuvor stand dort bereits eine Kapelle aus Holz. Seit einigen Jahren schmückt die Walburgis-Kapelle zudem eine Bronzestatue der heiligen Walburga. Der Weg hinauf auf die Ehrenbürg führt vorbei an malerischen Streuobstwiesen, denn rund um das Walberla befindet sich eines der größten Süßkirschen-Anbaugebiete Europas. Bei der Kirschblüte im Frühjahr verwandeln sich die Berghänge in ein wunderbar duftendes Blütenmeer. Je höher man wandert, desto karger wird die Natur. Die Hochlagen des Massivs sind von Trocken- und Magerrasen geprägt. Hier wachsen vielfältige, seltene Pflanzen wie Orchideen, weshalb das Walberla unter Naturschutz steht. Daneben beeindrucken zerklüftete Felswände, wie das Felsentor Steinerne Frau am Westrand, die Felsspitze Wiesenthauer Nadel am Südwestrand sowie die Felsnadeln Zwillingsfelsen.

TIPP Am ersten Sonntag im Mai wird auf der Hochebene das traditionelle Walberla-Fest gefeiert.

Oben angekommen, lässt man sich den erfrischenden Wind um die Ohren wehen und genießt einen traumhaften Rundblick ins Regnitz-, Ehrenbach- und Wiesenttal. Neben den kleinen Dörfern rund ums Walberla liegt den Wanderern auch Forchheim zu Füßen. In der Ferne erhebt sich der Bamberger Dom. Mit etwas Glück starten gerade ein paar Gleitschirmflieger zu ihrem Flug ins Tal, und am Rodenstein suchen Kletterer den senkrechten Weg nach oben.

○ **Ehrenbürg, 91359 Leutenbach**
○ **ÖPNV: Bus 223, mehrere Haltestellen in den umliegenden Dörfern; mit dem Zug erreicht man Kirchenehrenbach sowie Wiesenthau.**

Kunstgalerie & Kaffeehaus

61 *Hygge-Feeling im Café Lorla in Kronach*

Unter dem Motto „Café, Kunst und Du" lässt sich im Café Lorla das oberfränkische Kleinstadtleben so richtig genießen. Eingebettet in die wunderschöne historische Altstadt der Cranach-Stadt lädt das kleine, aber feine Tagescafé zu ausgedehntem Frühstück, leckerem Mittagessen oder stundenlangem Kaffeeklatsch ein. Schon beim Betreten des mit viel Liebe zum Detail restaurierten Altstadthauses liegt der köstliche Duft von Kaffee in der Luft. Innen begrüßt das gemütlich eingerichtete Café seine Gäste mit einem stilsicheren Mix aus Vergangenheit und Moderne. Weiß und Holz dominieren die nordisch angehauchte Inneneinrichtung und schaffen Wohlfühlatmosphäre. Für das passende Ambiente sorgen zudem wechselnde Kunstausstellungen regionaler Künstler. Durch die zurückhaltende Einrichtung kommen die ausgewählten Fotografien und Gemälde, die teils auch erworben werden können, besonders gut zur Geltung.

Die Getränke- und Speisekarte lässt ebenfalls keine Wünsche offen. Von erfrischenden Limonaden im Sommer bis zum würzig-orientalischen Golden Latte im Winter findet jeder etwas nach seinem Geschmack. Ein absoluter Traum sind die köstlichen hausgemachten Aufstriche, die zum Frühstück oder als Snack für zwischendurch geschlemmt werden können – kreative Geschmacksrichtungen wie Feige-Nuss oder Forelle-Preiselbeere inklusive. Auch beim abwechslungsreichen Mittagstisch

TIPP Kunst-Liebhaber sollten eine der regelmäßig stattfindenden Vernissagen im Café Lorla besuchen.

fällt die Auswahl schwer. Wie wäre es mit einer fruchtigen Tomaten-Kokos-Suppe, einem Rigatoni-Gorgonzola-Birnen-Gratin oder einer spanischen Reispfanne mit Garnelen?

Das jeweils aktuelle Tagesgericht findet sich auf der Facebook-Seite des entzückenden Cafés. Nachmittags locken kleine Köstlichkeiten wie ein Stück cremiger Käsekuchen, eine erfrischende Himbeer-Mascarpone-Torte oder saftige Schoko-Brownies die Gäste an. Abgerundet wird das tolle Flair, in dem die Zeit wie im Fluge vergeht, von einem ausgesprochen netten Service-Team. Leckeres Essen, gute Gesellschaft und ein hyggeliges Ambiente – was braucht es mehr, um glücklich zu sein?

○ Café Lorla, Amtsgerichtsstraße 2, 96317 Kronach
○ ÖPNV: Bus 1, Haltestelle Strau

Höfisches Freizeitvergnügen

 62 *Die Baille-Maille-Lindenallee in Himmelkron*

Bei einem erholsamen Spaziergang durch die Baille-Maille-Lindenallee tauchen die Besucher in längst vergangene Zeiten ein. Einst lustwandelten hier Adelige in prächtigen Barock-Gewändern und frönten dem Baille-Maille-Spiel, einem Freizeitvergnügen à la Versailles, das der Allee ihren Namen gab. Der Vorgänger des heutigen Krocket- oder Golf-Spiels, kurz Mail-Spiel, war vom 16. bis ins 19. Jahrhundert hinein in ganz Mitteleuropa verbreitet. Dabei wurde eine Holzkugel mit einem langen, hammerartigen Stock über weite Distanzen gespielt. Die speziellen Mailbahnen waren mit feinem Sand bedeckt und von Schatten spendenden Bäumen eingesäumt. So ist die Allee auch an heißen Tagen ein lohnendes Ziel.

In der Himmelkroner Sommerresidenz ließ Markgraf Christian Ernst 1664 nach französischem Vorbild insgesamt 800 Bäume in vier Reihen entlang der 980 Meter langen Allee anpflanzen. Viele Jahre spielten fortan reiche Handelsherren, Fürsten oder Rokoko-Damen hier begeistert das Ballschlagen. 1792 jedoch holzten die Preußen die Linden gegen den Widerstand der einheimischen Bürger ab – obwohl sie von Zeitgenossen als eine der schönsten Alleen Deutschlands, ja Europas beschrieben wurde. Nur eine einzige Linde, die heute noch direkt am Ufer des angrenzenden Weißen Mains steht, ist aus dieser Zeit übrig geblieben.

TIPP Beim jährlich stattfindenden Alleefest kann man den höfischen Freizeitsport selbst ausprobieren.

Fast 200 Jahre später, im Jahr 1986, beschlossen einige engagierte Bürger die Wiederanpflanzung der Allee, die seitdem in ehrenamtlicher Arbeit vom hierzu gegründeten Förderverein gepflegt wird. Der heute 800 Meter lange, von 600 Linden gesäumte Weg ist ein Ort zum Ausruhen und Seele-baumeln-lassen. Unter dem eindrucksvollen Blätterdach laden Sitzgelegenheiten und Pavillons zum Entspannen oder Picknicken ein. Seit 2004 ist die Lindenallee zudem eine Kunstmeile: Sieben oberfränkische Künstler stellen unter dem Motto „Blick zurück nach vorne" hier ihre Skulpturen aus. Die Kunstwerke zwischen den Bäumen verdeutlichen, dass Vergangenheit und Zukunft zusammengehören und sich in der Gegenwart treffen.

Baille-Maille-Allee, 95502 Himmelkron
www.die-lindenallee.de
ÖPNV: Bus 8326, Haltestelle Klosteracker

Die Coburger Rostbratwurst

 Fränkische Kulinarik am Marktplatz

In der Coburger Innenstadt, genauer gesagt am Marktplatz, weht ein ganz besonderer Geruch durch die Gassen. Tagein, tagaus lockt die bekannteste Spezialität der Stadt mit ihrem herzhaften Duft zahlreiche Genießer an: die Coburger Rostbratwurst.

Zwischen dem Coburger Rathaus auf der Südseite und dem Stadthaus, einem ehemaligen herzoglichen Kanzleigebäude, auf der Nordseite steht mitten auf dem ehrwürdigen Platz ein Bratwurststand. An sieben Tagen in der Woche wird hier umgeben von historischen Gebäuden gegrillt und zünftig geschlemmt. Die fränkische Spezialität setzt sich aus Rind-, Kalb- und Schweinefleisch zusammen, das grob gewolft und mit Salz, Pfeffer, Muskat und Zitrone gewürzt wird. Eine Zutat macht die Coburger Wurst besonders: Als einzige Bratwurst in Deutschland darf die Füllung rohes Ei enthalten. Daher muss sie gut gekühlt und spätestens am Tag nach der Herstellung durchgebraten werden. Traditionell wird die Coburger Bratwurst auf einem Rostgrill über dem Feuer von gut getrockneten Kiefernzapfen, den sogenannten Kühlen, gebraten. Gegessen wird sie anschließend in einem „Weckla". Das halbe Doppelbrötchen wird nach dem Coburger Schnitt von oben und nicht von der Seite aufgeschnitten.

TIPP *Echte Kenner essen die Bratwurst pur. Senf ist erlaubt, Ketchup ist jedoch ein Tabu.*

Seit Mitte des 17. Jahrhunderts wacht der Legende nach das „Bratwustmännle" über die exakte Herstellung der Coburger Bratwurst. Die Figur auf dem Gibelspitz des Rathauses stellt eigentlich den Stadtpatron, den römischen Legionär und Märtyrer Sankt Mauritius, mit einem Marschallstab in seiner rechten Hand als Zeichen seines Ranges dar. Dieser Stab gilt den Bürgern jedoch seit vielen Hundert Jahren als Richtschnur für die Länge der berühmten Würste. So misst eine echte Coburger Bratwurst im Rohzustand exakt 31 Zentimeter.

Die genaue Datierung der ersten Coburger Bratwurst ist hingegen nach wie vor ein Streitfall. Doch eines ist sicher: Es gibt sie seit mehr als 500 Jahren. Deshalb zählt die ganz besondere Variante der fränkischen Bratwurst auch zum kulinarischen Erbe Bayerns. Na dann, guten Appetit!

○ Coburger Rostbratwurst, Marktplatz, 96450 Coburg
○ ÖPNV: Bus 1, 4, 5, 6/66, 7, 10, Haltestelle Ehrenburg

Der Kreuzberg

64 *Hoch über Gößweinstein*

Schroffe Dolomitfelsen, romantische Täler und eindrucksvolle Bauwerke – Gößweinstein in der Fränkischen Schweiz zählt zu den reizvollsten Landschaften Deutschlands. Hier kann man die Hektik des Alltags hinter sich lassen und eine Auszeit inmitten der Natur genießen.

Ein bildschöner Ort, an dem das ganz einfach gelingt, ist der Kreuzberg, einer der besten Aussichtspunkte rund um Gößweinstein. Auf einem steilen Felsen rund 520 Meter über dem Meeresspiegel thront das sogenannte Hochkreuz, das den Endpunkt des Kreuzwegs der Wallfahrer bildet. Hier eröffnet sich Pilgern wie Spaziergängern ein traumhafter Blick über Gößweinstein mit seiner barocken Basilika sowie die fast 1000 Jahre alte Burg. Die monumentale Pfarr- und Wallfahrtskirche zur Heiligsten Dreifaltigkeit mit ihren beiden mächtigen Türmen ist das Wahrzeichen Gößweinsteins. Die zwischen 1730 und 1739 errichtete Basilika zählt zu den bedeutendsten Schöpfungen der Spätbarockarchitektur Frankens und gilt als sakrales Meisterwerk des großen Architekten Balthasar Neumann. Tausende von Wallfahrern, Kunstfreunden und Touristen kommen jedes Jahr hierher.

TIPP Am westlichen Ende Gößweinsteins lockt auch der Aussichtspunkt Bellevue mit traumhaftem Panoramablick.

Auch die mittelalterliche Burg Gößweinstein, die majestätisch über dem kleinen Ort thront, fällt sofort ins Auge. Erbaut von Graf Goswin, dem Namensgeber der Burg und des Ortes, erlebte sie eine mehr als wechselvolle Geschichte. Seit 1890 ist Burg Gößweinstein, die nun markante neugotische Züge trägt, in Privatbesitz.

Die Aussicht vom Kreuzberg reicht jedoch weit über Gößweinstein hinaus in die nördliche Fränkische Schweiz sowie das Wiesenttal. Hier zieht die idyllische Natur die Blicke auf sich. Diese lässt sich bei einem Spaziergang auf dem Balthasar-Neumann-Rundwanderweg, der auch am Kreuzberg Station macht, hautnah erleben. Daneben kann man entlang des 3,6 Kilometer langen Weges auch weitere bezaubernde Aussichtspunkte rund um Gößweinstein besuchen, wie den Gernerfels, die Burg Gößweinstein, die Wagnershöhe sowie die Fischersruh.

● Am Kreuzberg, 91327 Gößweinstein
● ÖPNV: Bus 222, 226, 232, Haltestelle Schule

Herrliche Sommerabende

 s'Antla in Kronach

Oberfranken ist bekannt für seine unzähligen kleinen wie großen Brauereien. Das s'Antla lockt aber nicht nur mit einer unschlagbar vielfältigen und teils außergewöhnlichen Auswahl an schmackhaften Bieren, sondern auch mit einem der schönsten Biergärten der Stadt. Über den Dächern der Lucas-Cranach-Stadt lässt es sich bei sommerlichen Temperaturen entspannt verweilen und schlemmen.

Dabei genießen die Gäste des s'Antla im ruhig gelegenen Braugarten in der „Oberen Stadt", der Altstadt von Kronach, einen wunderbaren Ausblick. Umgeben von malerischen Fachwerkgiebeln, mächtigen Sandsteinmauern und dem typischen Kopfsteinpflaster bleiben in der gutbürgerlichen Brauereigaststätte keine Wünsche offen. Von der Sonnenterrasse des Wirtshauses gelangt man über eine kleine Treppe in den idyllischen Innenhof, der sich direkt über der ehemaligen Stadtmauer befindet. Ein kleiner Brunnen inmitten des Braugartens rundet die gemütliche Atmosphäre ab und untermalt mit seinem Plätschern perfekt den Sonnenuntergang, den man hier von Ende April bis Oktober beobachten kann.

 TIPP Auf Voranmeldung sind auch Brauereiführungen und Bierproben möglich.

Im Sommer wird jeden Freitagabend zum kühlen, frisch gezapften, selbst gebrauten Bier neben traditionell fränkischer Küche auch ein köstliches Grillbüfett im Biergarten angeboten. Von leckeren Bratwürsten und Steaks über gegrillten Fisch bis hin zu vegetarischen Spezialitäten, die alle mit vielfältigen Saucen, Dips, frischen Salaten und knackigem Baguette kombiniert werden können, findet hier jeder etwas nach seinem Geschmack. Und jeder darf so viel essen, wie er möchte – oder kann. Gegrillt werden die Köstlichkeiten vom Chefkoch persönlich auf einem großen Schwenkgrill direkt im Braugarten des s'Antla. Ein Genuss! Antla bedeutet im Kronacher Dialekt übrigens Ente – und die schmeckt hier ebenfalls vorzüglich.

Brauereigaststätte s'Antla, Amtsgerichtsstraße 21, 96317 Kronach
www.antla.de
ÖPNV: Bus 1, Haltestelle Strau

Die Kraft des Wassers

 66 *Unterwegs im Höllental*

Auf den ersten Blick vermag ein kleines Dorf mit dem Namen Hölle nicht wirklich einen Glücksort zu beheimaten. Doch auf den zweiten Blick versteckt sich hier einiges an Potenzial: Denn in dem Ort im tiefsten Frankenwald beginnt das sogenannte Höllental, das sich bis nach Blechschmidtenhammer erstreckt. Die wildromantische Schlucht beeindruckt mit schroffen Felsen, idyllischen Laubwäldern und dem tosenden Wasser der Selbitz, ebenjenes Flusses, der sich in Jahrmillionen seinen Weg durch das vulkanische Gestein gebahnt und so das Höllental geschaffen hat.

Heute lässt sich diese einzigartige Naturkulisse, die zu den schönsten Engtälern Deutschlands zählt, auf rund 30 Kilometer Wanderwegen und drei spannenden Erlebnispfaden bestens zu Fuß erforschen und bestaunen. Dabei versprühen die Sehenswürdigkeiten des Höllentals einen ganz besonderen Zauber und erzählen von einem magischen Ort, um den sich zahlreiche Geschichten ranken. Tief unten in der bewaldeten Schlucht erinnern die Holzbrücken Teufelssteg und Jungfernsteg an die mystische Sagenwelt, während hoch oben die Felsspitze Hirschsprung mit ihrer überlebensgroßen hölzernen Hirschfigur sowie der Aussichtspunkt König David die Wanderer und Entdecker in ihren Bann ziehen. Rund 170 Meter über dem Talgrund genießt man hier einen wunderschönen Ausblick hinunter ins Tal der Selbitz und kann den ruhigen, entspannten Blick auch in die Ferne schweifen lassen.

TIPP Am Wochenende lässt sich eine Wanderung perfekt mit einem Besuch des Cafés Alte Liebe kombinieren.

Entlang des Flusslaufes hingegen wird die Kraft der Natur, der Kampf der Elemente für die Besucher spürbar. Im Schatten des mächtigen Diabasgesteins schlängelt sich die Selbitz mit kraftvollem Rauschen durch das schmale Tal. Riesige, mit Moos bewachsene Felsbrocken säumen nicht nur den Wegesrand, sondern liegen auch im tosenden Flussbett und bilden eine mehr als eindrucksvolle Kulisse. In Kombination mit ihren vielfältigen Lebensräumen sowie seltenen Pflanzen und Tieren zeigt die Natur im Höllental ein Schauspiel der Extraklasse – ein Ort der Ruhe und des Entdeckens zugleich.

⊙ **Höllental, 95119 Naila-Hölle**

Die Apotheke der Natur

 67 *Das Kräuterdorf Nagel am See*

Riechen, schmecken, fühlen: Im Kräuterdorf Nagel können Besucher herrlich duftende, bunt blühende und sanft heilende Kräuter mit allen Sinnen erleben. Bei einem Spaziergang durch den idyllischen Duft- und Schmetterlingsgarten begegnet man einem wahren Feuerwerk der Farben und Gerüche, das sich je nach Jahreszeit in einem anderen Gewand zeigt. Neben Kräutern für Badezusätze, Tees oder zum Färben entdeckt man in den Beeten auch Duftrosen, Minze, Thymian oder Lavendel, die als Insektenweide dienen. Während einer entspannten Pause, zum Beispiel auf der Thymianliege, kann man die fleißigen Bienen bei ihrer Arbeit beobachten. Im Zeit- und Erlebnisgarten hingegen unternehmen die Besucher eine Zeitreise durch die Jahrhunderte. Von der Steinzeit über das Mittelalter und die frühe Neuzeit bis in die heutige Moderne wird ein Blick hinter die Kulissen geworfen und erfahren, wie Menschen die Heilkräuter in den unterschiedlichen Epochen genutzt haben. Daneben lernt man, wie man Kräuter bestimmt, erntet und richtig verarbeitet.

Der perfekte Startpunkt, um die beiden barrierefreien Themengärten zu erkunden, ist das „Haus der Kräuter". Hier zaubern 17 zertifizierte Kräuterführerinnen, das Aushängeschild des kleinen Ortes, in einer Schauküche köstliche Wildkräuter-Gerichte wie Wildkräuterpizza und Wildkräuter-Lachsrollen, bieten Kräuterkoch- und Backkurse an oder vermitteln bei Vorträgen und in Seminaren allerlei Spannendes rund um die heilenden Kräfte der Pflanzen. So kann man beispielsweise auch lernen, einen Hustensirup selbst herzustellen. Sie bieten Kräuterführungen, Kräuterwanderungen und Workshops rund um Kräuter an und zeigen die positiven Auswirkungen auf Körper, Geist und Seele. Gemeinsam machen sie Kräuter in all ihren Facetten hautnah erlebbar.

Das Wissen um die Verwendung von Kräutern zur Herstellung von Tees, Gewürzen und Seifen sowie ihre Bedeutung für die Medizin haben im Fichtelgebirgsdorf übrigens eine sehr lange Tradition, die bis ins Jahr 1600 zurückgeht und auch heute noch eine besondere Faszination ausübt.

TIPP Im Ortsteil Reichenbach präsentiert ein wunderschöner Bauerngarten das Nebeneinander von Nutz- und Zierpflanzen.

○ **Kräuterdorf Nagel, 95697 Nagel**
www.kraeuterdorf-nagel.de

 140

Das perfekte Steak

 Der 10t Stadel in Bad Staffelstein

Eingebettet zwischen den schmucken Fachwerkhäusern der historischen Altstadt von Bad Staffelstein, dem Geburtsort des berühmten Rechenmeisters Adam Riese, liegt der 10t Stadel. Auf den ersten Blick verbirgt sich hier ein ganz normales Gasthaus, doch wer genauer hinsieht und einen Besuch wagt, der findet sich in einem der besten Steakhäuser Oberfrankens wieder.

Das gemütlich-rustikale Ambiente im kleinen, aber feinen Gastraum passt hervorragend zur Speisekarte des bei Kennern sehr beliebten Restaurants. Die bringt vor allem die Augen von Fleischliebhabern und Kulinarikfans zum Leuchten! Denn zu den Spezialitäten des 10t Stadel zählen Roastbeef, Filetsteak und T-Bone-Steak aus dem Dryager, einem speziellen Reifeschrank. Das Fleisch ist von allerbester Qualität, was jedes Steak zu einem absoluten Genusserlebnis macht. Wer möchte, kann es sich vor der Zubereitung sogar direkt im Restaurant selbst heraussuchen.

Abgerundet werden die fantastisch zart zubereiteten Steaks von passenden Beilagen wie frischen Salaten, knusprigen Bratkartoffeln, klassischen Pommes und harmonisch abgeschmeckten Soßen. Da ist

TIPP

Da der 10t Stadel sehr beliebt ist, sollte man vorher unbedingt rechtzeitig reservieren.

es fast schon selbstverständlich, dass natürlich jedes Stück Fleisch individuell auf Wunsch gegart wird – und das beherrscht das Küchenteam des 10t Stadel perfekt. Ergänzt wird die kleine Speisekarte von verschiedenen Wildgerichten, wie einem Rehrücken oder einem köstlichen Lammspieß. Als Vorspeisen stehen hingegen eine herrliche Knoblauchsuppe, delikate Weinbergschnecken oder ein Carpaccio vom Rind zur Auswahl. Weinliebhaber genießen zu den feinen Speisen passend ausgewählte, stimmige Weine. Das tolle Geschmackserlebnis wird zudem von einem herzlichen Service-Team begleitet, das die Gäste aufmerksam und mit spürbarer Leidenschaft für gutes Essen bedient. Wer im 10t Stadel einen genussvollen Abend verbringen möchte, muss sich zwar der gehobenen Preise bewusst sein, bekommt dafür aber auch eine wunderbare Qualität und ein tolles Erlebnis serviert.

10t Stadel, Bamberger Straße 29, 96231 Bad Staffelstein
www.10t-Stadel.de
ÖPNV: Bus 1212, 1227, Haltestelle Horsdorfer Straße

Malerischer Rückzugsort

 Der Benediktinerweg am Michelsberg in Bamberg

Ein wenig versteckt in der Unteren Sandstraße findet sich inmitten einer dicken Mauer der Aufgang zum Benediktinerweg am Michelsberg. Es ist das Tor zu einem herrlichen Naturidyll inmitten der Weltkulturerbestadt. Die rund 800 Meter lange Strecke verläuft entlang terrassierter Hänge durch die ehemalige barocke Gartenanlage des Klosters Michelsberg. Unterwegs wird man mit einem grandiosen Ausblick über die Dächer der Altstadt, die vier Türme des berühmten Kaiserdoms, das historische Kloster und die Altenburg belohnt – die allesamt ebenfalls einen Besuch wert sind.

Vorbei am neu angelegten Weinberg sowie dem malerischen Maienbrunnen führt der schöne Weg bis zur Aufseßstraße. Dabei bleibt nicht unbemerkt, dass Bamberg, das fränkische Rom, auf insgesamt sieben Hügeln erbaut wurde. Zwischendurch laden verschiedene Sitzgelegenheiten immer wieder zum Verweilen und Genießen der grünen Oase inmitten der Stadt ein. So kann man zum Beispiel am Brunnen sitzen und den Blick schweifen oder sich im bewirtschafteten Garten des Kloster-Cafés verwöhnen lassen. Regionale Produkte aus dem „Himmelsgarten" am Michelsberg, wie der Bamberger Silvaner oder ein leckerer Apfelsecco, können im Stiftsladen erworben werden. Und auch die Klosteranlage an sich als eines der Bamberger Wahrzeichen lädt zu Entdeckungstouren ein.

TIPP *Offiziell heißt der Hügel Michaelsberg, echte Kenner nennen ihn jedoch Michelsberg.*

Ein kleiner Spaziergang am Michelsberg lohnt sich zu jeder Jahreszeit: Im Frühling begrüßen zahlreiche blühende Obstbäume und Vogelgezwitscher die Besucher. Im Sommer spenden die Bäume willkommenen Schatten und laden zu einer kleinen Pause ein. Im Herbst ist beispielsweise das traditionelle Federweißer-Fest am idyllisch gelegenen Winzerhaus direkt im Weinberg unterhalb der Klosteranlage ein beliebter Treffpunkt. Das Fest, das jedes Jahr im September stattfindet, beeindruckt mit einem einzigartigen Ambiente. Und wer Väterchen Frost auf seiner Seite hat, kann im Winter mit etwas Glück begleitet von tanzenden Schneeflocken durch die Anlage spazieren.

● **Benediktinerweg am Michelsberg, Untere Sandstraße, 96049 Bamberg**
● **ÖPNV: Bus 916, Haltestelle Sandstraße oder Stadtarchiv, Bus 906, Haltestelle Konzerthalle, oder Bus 910, Haltestelle Michelsberg**

Eindrucksvolle Felsen

 Zu Besuch im Felsendorf Tüchersfeld

„Im Schatzkästlein deutscher Lande; liegt ein Fleck von besonderem Reiz; unser schönes Felsendörfchen; Tüchersfeld in der Fränkischen Schweiz." Der Anfang des Tücherfelder Liedes weckt große Erwartungen an den kleinen Luftkurort im unteren Püttlachtal inmitten des Naturparks Fränkische Schweiz. Und diese werden mehr als erfüllt!

Nicht umsonst zählt das Felsendorf Tüchersfeld mit seiner beeindruckenden Kulisse zu den 100 schönsten Geotopen Bayerns. Das romantische Kirchdorf verzaubert seine Besucher nicht nur mit idyllischen Fachwerkhäusern, sondern vor allem mit seinen imposanten Felsformationen. Wie versteinerte Riesen prägen die gigantischen Felsen das fränkische Dörfchen. Nahezu übergangslos schmiegen sich die Häuser und Höfe des Ortes an das einstige Felsriff aus dem Urmeer der Jurazeit an. Eine Kulisse wie im Märchen!

Tatsächlich findet man in Tüchersfeld alles, war die Fränkische Schweiz ausmacht, auf engstem Raum: bizarre Felsentürme, wilde Wasser, eine Kirche sowie hübsche Fachwerkhäuser. Alles Wissenswerte rund um die Geologie der gigantischen Steintürme sowie zur Geschichte, der Kultur und dem Brauchtum erfährt man im Fränkische Schweiz Museum. Dieses befindet sich im alten Judenhof, der Unterburg von Tüchersfeld. Die historischen Fachwerkgebäude, die an einer der steil aufragenden Felsnadeln stehen, stammen aus dem 18. Jahrhundert und zählen zu den markantesten Wahrzeichen der Region.

TIPP *Die Natur rund um das Felsendorf lässt die Herzen von Kletterern, Bergsteigern und Wanderern höherschlagen.*

Ganz neue Perspektiven auf das Felsendorf eröffnen sich hingegen vom Fahnenstein. Der Aussichtspunkt oberhalb von Tüchersfeld ist über den Fahnensteig erreichbar. Allerdings sind hier festes Schuhwerk, Trittsicherheit und etwas Kletterei gefragt, denn der Weg führt vom nördlichen Ortsausgang über eine steile Treppe, eine Metall-Leiter sowie an einem dicken Seil durch ein Felstor nach oben. Wer den Aufstieg jedoch geschafft hat, dem liegen das malerische Kirchdorf sowie das umliegende Püttlachtal wortwörtlich zu Füßen.

⊙ **Tüchersfeld, 91278 Pottenstein**
⊙ **ÖPNV: Bus 389, 397, Haltestelle Tüchersfeld**

Ein Ort zum Innehalten

 71 *Die Marienkapelle von Kaider*

Still, schlicht und in sich ruhend – die Marienkapelle von Kaider zählt ganz sicher nicht zu den großen, aufregenden Glücksorten. Und trotzdem ist sie ein ganz besonderer Ort.

Das kleine Gotteshaus auf einer Anhöhe inmitten des Fränkischen Jura ist ein Ort der Ruhe, zum Innehalten und zum Nachdenken. Seit mehr als 160 Jahren wacht die Kapelle über das 90-Seelen-Dorf mit seinen Fachwerkhäusern und Spitzdächern zu ihren Füßen. Errichtet wurde sie zwischen 1860 und 1880 anstelle einer baufälligen Kapelle – größtenteils durch Spenden der Einwohner Kaiders. Vom Waldweg führt eine schlichte Treppe hinauf zur Marienkapelle. Am Fuß einer Wiese, auf deren sanft geschwungener Kuppe sich die Kapelle aus hellen Sandsteinquadern erhebt, enden die Stufen. Im Sommer tanzen Bienen, Hummeln und Schmetterlinge durch das herrliche, wild gewachsene Gras der Wiese. Von hier führt ein kleiner Trampelpfad das letzte Stück bis zum Kirchlein. Leuchtend gelbe Butterblumen und blaue Kornblumen strahlen derweil mit der Sonne um die Wette. Was für eine wundervoll natürliche Kulisse zum Ausruhen und Entspannen!

TIPP *Die Wiese vor der Kapelle war 2016 Filmkulisse für den ARD-Film „Katharina Luther".*

Wer schließlich das katholische Gotteshaus betritt, erblickt sofort das Herzstück des Innenraums: einen kleinen neugotischen Altar mit einer Marienstatue. Es ist eine Nachstellung der Felsengrotte von Lourdes zu Ehren der Maria von Lourdes, der das Kirchlein auf dem Hügel geweiht ist. An der Seitenwand erinnert ein Flügelaltar an die in den Weltkriegen gefallenen Bewohner von Kaider.

Früher wie heute werden in der Kapelle gemeinsam Maiandachten gefeiert. Ansonsten genießt man neben Einsamkeit und Ruhe auch einen traumhaften Ausblick auf die Weißjurahochfläche östlich des Maintals. Ein wundervoller Ort, der zu Recht in der Bayerischen Denkmalliste aufgeführt wird.

● Marienkapelle, Kaider, 96231 Bad Staffelstein
● ÖPNV: Bus 1227, Haltestelle Kaider

Sommerliche Erfrischung

 72 *Das Eis-Café Sanremo in Kulmbach*

Kann man Glück essen? Vielleicht! Was man sich auf jeden Fall genussvoll im Mund zergehen lassen kann, ist das hausgemachte Eis des Eis-Cafés Sanremo in der Kulmbacher Altstadt.

Seit mehr als 50 Jahren werden die Gäste hier mit italienischen Köstlichkeiten wie cremigem Milcheis, fruchtig erfrischenden Sorbets und wunderbar aromatischem Kaffee verwöhnt. Dabei setzt die Familie De Pellegrin auf die ideale Kombination aus Italien und Oberfranken: Neben den traditionellen Rezepturen und der Herstellung nach venezianischer Schule werden bei der Zubereitung des Eises fast ausschließlich hochwertige Produkte aus dem Kulmbacher Land verwendet. Auch die Saucen, Liköre und Toppings sind hausgemacht. Wer an der Theke am Marktplatz steht, hat die Qual der Wahl: Vanille und Erdbeere oder doch lieber Tiramisu und Biscottino? Zahlreiche Eissorten warten darauf, geschlemmt zu werden. Mit etwas Glück steht gerade auch eine außergewöhnliche, verrückte Sorte, wie Radler-Eis oder Gorgonzola-Eis, auf der Tageskarte, die definitiv einen Versuch wert ist!

TIPP *Auf Wunsch kann man sich seine ganz persönliche Bohnen-Mischung herstellen lassen!*

Wer möchte, kann sich einige davon auch in einer vorzüglichen Eisbecher-Kreation schmecken lassen. Denn die De Pellegrins haben sich lange mit der Zusammensetzung des perfekten Eisbechers beschäftigt und setzen dabei auf wenige Zutaten von bester Qualität, die mit Können und Geduld zu ganz besonderen Kompositionen verarbeitet werden. Dabei lassen schon verführerische Namen wie Paciugo, Honey Moon oder Caloo-Becher die Geschmacksknospen erwachen.

Wer es etwas herber mag, ist im Sanremo ebenfalls richtig, denn um den Gästen einen ganz einzigartigen Kaffee-Genuss zu bieten, wurde kurzerhand eine eigene Kaffeeröstung gegründet. Entstanden ist eine neue Kulmbacher Kaffee-Kultur mit italienischer Note. Dabei sorgen ausgewählte Arabica-Bohnen aus Südamerika für besten Geschmack und herrliche Genussmomente. Und das Sanremo für einen Hauch Italien in Oberfranken. O sole mio!

Sanremo, Marktplatz 9, 95326 Kulmbach
www.sanremo-kulmbach.de

ÖPNV: Bahnhof Kulmbach, Bus 8344, 8351, 8352, 8353, 8354, 8355, 8434, 8435, Haltestelle ZOB Kulmbach

Was das Herz begehrt

 73 *Das Warenhaus Seelenlust in Coburg*

Es ist ein Kaufhaus der besonderen Art, das Warenhaus Seelenlust in der Webergasse im Herzen der Vestestadt Coburg. Wer hier eintritt, kommt aus dem Staunen so schnell sicher nicht mehr heraus!

Die Idee und der Mut für einen eigenen Laden sind bei Dagmar Schmidt aus ihrem tiefen Glauben heraus entstanden. Gegen alle Widerstände hat sie den eingeschlagenen Weg verfolgt und wurde mit vielen glücklichen Zufällen belohnt. Ein Spruch, der sie dabei immer begleitet hat, lautet: „Glück ist jetzt". Früher zierte er die Schokoladen ihrer kleinen Chocolaterie, heute ist er überall spürbar, was das Warenhaus wortwörtlich zu einem Glücksort macht. Seit einigen Jahren erobert Dagmar Schmidt nun schon mit ihrem Warenhaus Seelenlust die Herzen ihrer Kunden. Warenhaus deshalb, weil sich hier alle Ideen perfekt unter einem Dach vereinen lassen und es mehr als genug kreativen Spielraum gibt.

Ein Teil ihres Erfolgsrezepts ist mit Sicherheit das einzigartige, handverlesene Sortiment, das stets mit viel Liebe zum Detail im großzügigen, zweistöckigen Ladengeschäft arrangiert wird. Neben ausgesuchten, verführerischen Köstlichkeiten wie Schokolade, Pralinen, Gebäck und Weinen gibt es auch hübsche Wohnaccessoires, liebevolle Babysachen und traumhafte Dekorationsartikel zu erstehen. Wer auf der Suche nach einem Geschenk oder einer kleinen Aufmerksamkeit ist, wird hier auf jeden Fall fündig. Zwischen all den wunderschönen Sachen lockern üppige, verführerisch duftende Blumenarrangements das Warenhaus auf.

TIPP *Unbedingt eine der köstlichen Schokoladen probieren!*

Feinschmecker, Schokoladenliebhaber, Papeterie-Fans und Einrichtungsfanatiker schweben im Warenhaus Seelenlust im siebten Himmel. Die gemütliche, ruhige Atmosphäre lädt zum entspannten Stöbern, Träumen und Genießen ein. Hier kann man beim Shoppen wahrlich die Seele baumeln lassen. Wer eine kurze Pause braucht, macht es sich in einer der kleinen Sitzecken bequem und lässt den wunderschönen Laden auf sich wirken.

○ Warenhaus Seelenlust, Webergasse 32, 96450 Coburg
○ ÖPNV: alle Stadtbuslinien, Haltestelle Theaterplatz

Unendliche Weiten

 74 *Unterwegs auf der Radspitze*

Mit dem Rucksack auf dem Rücken und den Wanderschuhen an den Füßen geht es auf verschlungenen Wegen durch tiefe Wälder und über helle Lichtungen. Das Ziel: die Radspitze am südlichen Rand des Frankenwaldes. Sie zählt zwar nicht zu den höchsten Bergen der Region, wartet dafür aber mit einem eindrucksvollen Höhenunterschied von mehr als 300 Metern zwischen Bergspitze und Talgrund auf – was herrliche Ausblicke verspricht.

Auf die Radspitze führen mehrere Wander- und Mountainbike-Strecken in verschiedenen Längen und Schwierigkeitsgraden. Zur Auswahl stehen beispielsweise der Frankenweg, der Höhenweg oder der Radspitzweg. Eine besonders lohnenswerte Wanderung verspricht das 11,5 Kilometer lange „FrankenwaldSteigla" Muschelkalkweg, das entlang der Fränkischen Linie die zwei Gesichter des Frankenwaldes zeigt: mächtige Wälder und aussichtsreiche Höhenzüge.

Am Gipfel angekommen, lockt ein 20 Meter hoher, vierkantiger Steinturm, der Radspitzturm, mit einem Rundumblick. Die Aussicht reicht bei perfekten Bedingungen im Südosten bis in das Fichtelgebirge mit dem Ochsenkopf hinein, während sich im Süden die fränkische Juraplatte mit dem Staffelberg, im Westen der Steigerwald, Hassberge und Rhön und im Nordwesten der Thüringer Wald sowie der Naturpark Frankenwald erheben. Die eindrucksvolle Weite öffnet nicht nur die Augen, sondern auch die Seele.

 TIPP Im Winter lässt es sich rund um die Radspitze auch herrlich langlaufen.

Wer dann noch etwas weiter geht, wird mit purem Glück belohnt! Am offenen Südwesthang laden mehrere geschwungene Liegebänke aus Holz zu einer wundervollen Pause ein. Hier lassen sich die Stille und Schönheit des umliegenden Waldes in vollen Zügen auskosten, während der Blick über die sanfte Hügellandschaft schweift, die in den Abendstunden in magisches Licht getaucht ist. Gleitschirm- und Drachenflieger, die den Hang zum Starten nutzen, schweben nahezu lautlos durch die Lüfte und runden das malerische Ensemble ab. Durchatmen und abheben.

🔴 **Radspitze, 96364 Marktrodach**
🔴 **ÖPNV: Bus 8354, 8355, Haltestelle Seibelsdorf**

Geschmackvoll genießen

75 *Zu Gast in Ostermaiers Waldeck*

Liebe geht durch den Magen, Glück vielleicht auch – zumindest in Ostermaiers Waldeck bei Helmbrechts. Das idyllisch in Edlendorf inmitten des Frankenwalds gelegene Restaurant besticht mit hochwertigen Köstlichkeiten, einem außergewöhnlichen Ambiente und herzlich-fränkischer Gastlichkeit. Im Ostermaiers werden die Gäste täglich mit einem ausgewählten À-la-carte-Angebot von Küchenchef Peter Ostermaier höchstpersönlich verwöhnt. Dabei stehen neben traditionellen, regionalen Gerichten wie fränkischem Sauerbraten oder ofenfrischer Gänsebrust nach Omas Art mit hausgemachten Klößen auch international angehauchte Speisen zur Auswahl. Italienische Tagliata, Neuseeländer Lamm oder Indische Filetspieße finden sich genauso auf der Karte wie ein köstliches Lachssteak. Highlight für Fleischliebhaber sind die herrlichen argentinischen Black-Angus-Steaks vom Grill, die nach Wunsch gegart und mit leckeren Beilagen wie knusprigen Pommes, Bratkartoffeln, zartem Grillgemüse, Cognac-Pfeffer-Sauce, Kräuterbutter und vielem mehr gereicht werden. Eines haben alle Gerichte gemeinsam: Sie werden mit viel Leidenschaft, aus Produkten in bester Qualität und auf hohem Niveau zubereitet. Abgerundet wird die vielfältige Speisekarte von verführerischen Desserts sowie einer formidablen Weinauswahl, die mit verschiedenen Tropfen aus Franken und Italien punktet.

TIPP *Das Ostermaiers ist auch eine tolle Location für Hochzeiten oder Familienfeiern.*

Serviert werden die Leckereien von Andrea Ostermaier und ihrem Service-Team in einem der vier Gasträume. Neben der großen Gaststube dürfen Gäste auch im Kaminzimmer, der Hopfenstube oder dem Bärenzimmer Platz nehmen. Insgesamt können in den verwinkelten, separierten Gasträumen rund 150 Gäste gleichzeitig bewirtet werden. In den Sommermonaten lockt der gemütliche, windgeschützte Biergarten inmitten der fränkischen Natur. Hier lässt es sich mit Blick auf die umliegenden Felder und Wiesen entspannt genießen und verweilen. Ein ganz besonderes Restaurant, das man am Rande eines verschlafenen Bauerndorfes so nicht erwarten würde.

▶ **Hotel & Restaurant Ostermaiers Waldeck, Edlendorf 12, 95233 Helmbrechts**
www.ostermaiers-waldeck.de
▶ **ÖPNV: Bus 8359, Haltestelle Abzweigung Edlendorf**

Filigrane Handwerkskunst

 76 *Das romantische Töpferdorf Thurnau*

Am Rande der Fränkischen Schweiz liegt der malerische Töpferort Thurnau. Die als Marktplatz des Kunsthandwerks bekannte Gemeinde lädt dazu ein, dem Pfad der Handwerkskunst zu folgen und die Künstler bei ihrer Arbeit hautnah zu erleben. Rund um den idyllischen Marktplatz mit seinen sandsteinfarbenen Bürgerhäusern sowie dem Neptunbrunnen verleihen die zahlreichen offenen Ateliers und Werkstätten dem Ort seinen ganz besonderen Charme. Von hochwertiger Gebrauchskeramik bis hin zu wertvollen Einzelstücken bieten sie die ganze Vielfalt des keramischen Schaffens an und laden ganzjährig zum entspannten Bummeln durch die romantischen Gassen Thurnaus ein. Wer möchte, kann sich natürlich auch ein Stück fränkischen Kunsthandwerks mit nach Hause nehmen.

Der ideale Startpunkt für eine Erkundungstour durch den historischen Ortskern ist das Töpfereimuseum. Hier tauchen die Besucher in die Tradition der Thurnauer Töpferei ein und erfahren alles Wissenswerte von der Tongewinnung über das Drehen und Dekorieren bis hin zum Brennen. Daneben ist regionale Keramik aus den frühen Jahrhunderten ebenso ausgestellt wie zeitgenössische und kunsthandwerkliche Keramik aus den Töpfereien des Ortes. Untergebracht ist das Spezialmuseum in einem der ältesten Häuser Thurnaus: der ehemaligen Lateinschule, erbaut in der zweiten Hälfte des 16. Jahrhunderts. Von der mehr als 1000-jährigen Geschichte des Marktes zeugt auch das Thurnauer Schloss.

TIPP *Am 2. Adventswochenende findet der Weihnachts-Töpfermarkt mit Töpfern aus ganz Deutschland statt.*

Mit seiner turmhoch aufragenden Kemenate, zwei umbauten Schlosshöfen, mächtigen Wehr- und Schneckentürmen sowie dem wunderschönen Schlossweiher zählt es zu den größten Schlossanlagen Frankens. Die Baugeschichte des Burgschlosses mit Gebäuden aus nahezu allen Epochen fränkischer Kunstgeschichte reicht bis auf das Rittergeschlecht der Förtsche Anfang des 13. Jahrhunderts zurück. Verbunden ist das Schloss über einen hölzernen Brückengang mit der evangelischen Kirche St. Laurentius, die zu Beginn des 18. Jahrhunderts als prächtiger Barockbau wiedererrichtet wurde und ebenfalls ein besonderes Juwel Thurnaus ist.

● **Marktplatz, 95349 Thurnau**
● **ÖPNV: Bus 8354, 8435, Busbahnhof Thurnau**

Unter freiem Himmel

 77 *Die Straße der Skulpturen*

Im Ellertal gehen Kunst und Natur Hand in Hand: Rund um Litzendorf, Lohndorf und Tiefenellern verläuft die Fränkische Straße der Skulpturen. Der rund 7,5 Kilometer lange, einfache Rundwanderweg führt vorbei an zahlreichen spannenden Kunstwerken durch die traumhafte Landschaft der östlichen Fränkischen Toskana.

Entstanden ist der besondere Skulpturenweg bereits 1994 auf Initiative des in Lohndorf lebenden Künstlers Ad Freundorfer, von dem die Skulptur „Virtueller Raum" zu sehen ist. Über die vergangenen Jahrzehnte wurde der Weg stetig erweitert. Heute können Kunstliebhaber 22 Objekte von gegenständlicher bis abstrakte Kunst entdecken und sich gleichzeitig in der wunderschönen Natur des Ellertals erholen. Am Wegesrand ziehen jedoch nicht nur die Skulpturen Blicke auf sich: Auch herrlich blühende Obstbäume sowie grasende Rinder, Pferde und Schafe grüßen entlang des Wanderweges.

Die Idee der Ausstellung unter freiem Himmel war, die Kunst aus dem Museum in die Öffentlichkeit zu holen und so einer Vielzahl von Menschen einfach zugänglich zu machen. An dem Projekt beteiligen sich zahlreiche nationale wie internationale Künstler, die ihre Werke jeweils für mindestens zwei Jahre auf der Straße der Skulpturen belassen. Eines verbindet dabei die sonst sehr unterschiedlichen Kunstwerke miteinander: Sie alle haben einen Bezug zur Region, denn sie wurden aus Materialien geschaffen, die von hier stammen. Den Grundgedanken des Skulpturenweges nahm auch das Amt für Ländliche Entwicklung Oberfranken auf und beteiligt sich seit einiger Zeit mit fünf künstlerisch gestalteten Flurdenkmälern, wie der Juraschnecke von Harald Müller, an dem Kunstprojekt. So bietet die Fränkische Straße der Skulpturen Kunst- und Naturgenuss vom Feinsten.

TIPP Die beste Wanderzeit ist im Frühjahr oder Herbst, wenn die Landschaft in satten Farben strahlt.

▶ Fränkische Straße der Skulpturen, Wanderparkplatz Lohndorf
▶ ÖPNV: Bus 970, 972, 975, Haltestelle Lohndorf

Prachtvolle Gartenanlage

78 *Die Eremitage in Bayreuth*

Bayreuth beeindruckt mit zahlreichen prächtigen Bauwerken aus der Barock- und Markgrafenzeit, wie dem Markgräflichen Opernhaus, dem Neuen Schloss oder dem Richard-Wagner-Festspielhaus auf dem Grünen Hügel. In diese Aufzählung reiht sich auch die Eremitage vor den Toren der Stadt ein. Doch nicht nur Geschichts- und Architekturinteressierte werden hier glücklich. Neben zwei prunkvollen Schlössern, dem kunstvollen Sonnentempel und der malerischen Orangerie ist es vor allem die wunderschöne Parkanlage, die die Besucher in den Bann zieht. Markgräfin Wilhelmine hat den Schlosspark mit viel Begeisterung und Liebe zum Detail in einen der schönsten Barockgärten Deutschlands verwandelt. Dabei lohnt es sich, das gesamte weitläufige Areal zu erkunden, das heute aus einem Landschaftspark, dem Barockgarten sowie einem verwilderten Wald besteht. Es gibt unendlich viele versteckte Ecken mit plätschernden Wasserspielen, märchenhaften Laubengängen und eindrucksvollen Grotten zu entdecken.

Besonders schön lässt es sich vom Alten Schloss durch bunt blühende Beete, vorbei an tanzenden Schmetterlingen und einer fließenden Wasserkaskade hinunter zum Wald schlendern.

TIPP Das Sommernachtsfest in der Eremitage zählt zu den schönsten und romantischsten Festen Frankens.

Der kühle, dichte Laubwald mit seinen mächtigen Bäumen lädt an heißen Sommertagen zu ausgedehnten Streifzügen ein. Unter dem grünen Blätterdach können Naturliebhaber und Erholungsuchende dem Zwitschern der Vögel lauschen und die Seele baumeln lassen. Aber auch zu jeder anderen Jahreszeit sorgt der unvergleichliche Schlosspark für entspannte und genussvolle Momente des Lustwandelns. Große Emotionen erwarten Glückssucher im Ruinentheater mit seinen imposanten steinernen Säulen und Bögen. Die einzigartige Szenerie lädt geradezu dazu ein, in andere Welten zu versinken. Nicht verwunderlich, dass die kunstvolle Naturbühne alljährlich für Theateraufführungen genutzt wird und Kultur in atemberaubender Kulisse verspricht. Eine Gartenanlage, die abwechslungsreicher und eindrucksvoller nicht sein könnte – ein wahres Schmuckstück!

▶ **Eremitage Bayreuth, Eremitage 1, 95448 Bayreuth**
www.schloesser.bayern.de
▶ **ÖPNV: Bus 302, 305, 322, Haltestelle Eremitage**

Magisches Ensemble

 79 *Hohler Stein und Kemitzenstein*

Bereits seit Jahrtausenden üben die beiden eindrucksvollen Felsformationen Hohler Stein und Kemitzenstein in der Nähe von Bad Staffelstein eine besondere Magie auf uns Menschen aus. Archäologische Ausgrabungen lassen darauf schließen, dass die beiden Felsgruppen in prähistorischer Zeit kultische Bedeutung hatten und als Ritual- sowie Siedlungsplatz genutzt wurden. Dabei wurden verschiedene Artefakte entdeckt, die spannende Einblicke in längst vergangene Zeiten gewähren. Noch heute kann man hier die außergewöhnliche Kraft des Gesteins spüren.

Dabei ist der Hohle Stein ein Naturdenkmal der besonderen Art: Seinen Namen hat der spektakuläre Fels von einer natürlichen Halbhöhle, die aus dem dolomitisierten Kalk herausgewaschen wurde und dem imposanten Gestein seinen besonderen Charakter verleiht. Je nach Tageszeit und Lichtstimmung entwickelt die ehemalige Kultstätte eine fast magische Anziehungskraft.

Ein nicht weniger eindrucksvolles Felsensemble ist der Kemitzenstein. Während am Hohlen Stein Kletterverbot herrscht, um den einzigartigen Charakter des Platzes zu wahren, ist der Kemitzenstein ein wahres Paradies für Sport-Kletterer. Neben einem einfachen Klettersteig bietet die lang gezogene Gruppe aus zerklüfteten Felsriffen auch kürzere Routen bis zum Grad VII+.

TIPP *Im Stadtmuseum Bad Staffelstein werden Ergebnisse der archäologischen Forschung des Hohlen Steins präsentiert.*

Die flachen Wiesen rund um die Felsen laden zum Entspannen ein und eignen sich bestens für ein gemütliches Picknick inmitten der herrlichen Natur. Die beiden Dolomit-Felsformationen am Rande der Fränkischen Alb lassen sich auch bestens erwandern. Zum Beispiel über den Keltenweg H, der auf seinen zwölf Kilometern Länge einige geheimnisvolle Höhepunkte bietet. Neben den sagenhaften Felsen locken hier auch die beeindruckende Aussicht von Schlossberg und Weinhügel sowie verschiedenste Pflanzenraritäten, die auf den naturbelassenen Wiesen und entlang der Wegränder blühen. Eine weitere schöne Wanderung führt durch die wildromantische Tiefenthalschlucht.

○ **Hohler Stein bei Krögelhof und Kemitzenstein bei Kümmersreuth, 96231 Bad Staffelstein**
○ **ÖPNV: Bus 1227, Haltestelle Kümmersreuth**

Luftiger Freizeitspaß

 80 *Der Ochsenkopf im Fichtelgebirge*

Er ist der wohl vielfältigste Berg im Fichtelgebirge, der 1024 Meter hohe Ochsenkopf. Eine einmalige Naturlandschaft, atemberaubende Aussichtspunkte und abwechslungsreiche Freizeitmöglichkeiten bilden die perfekte Kombination für unvergessliche Erlebnisse. Der zweithöchste Berg des Fichtelgebirges lockt im Sommer mit idyllischen Wanderwegen, anspruchsvollen Mountainbike-Trails und einem Kletterpark mit spannenden Parcours.

Eine der schönsten Wanderungen führt an der plätschernden Weismain entlang bis zu ihrer Quelle und dann weiter hinauf zum Gipfel. Unterwegs bilden von Wasser umspülte, riesige Felsblöcke, moosbewachsene Steine und der kühle, schattige Wald eine märchenhafte Kulisse. Wer es ganz gemütlich mag, lässt sich bequem mit der Seilbahn auf den Berg bringen. Zurück ins Tal geht es entweder auf demselben Weg – oder ganz geschwind mit der Sommerrodelbahn. Einen besonders luftigen Freizeitspaß verspricht Deutschlands erster Ziplinepark. In rund 20 Metern Höhe können Abenteuerlustige an 16 Seilstrecken mit rasanter Geschwindigkeit über den Ochsenkopf schweben und eine actionreiche Zeit erleben.

TIPP *Im Sommer lockt nach einem erlebnisreichen Ausflug der nahe gelegene Fichtelsee mit einem Sprung ins kühle Nass!*

Im Winter ist der Ochsenkopf hingegen ein absoluter Geheimtipp für genussvolle Skitouren und Schneeschuhwanderungen. Je nach Kondition und Können gibt es viele traumhafte Halb- und Ganztagestouren auf einsamen Pfaden und aussichtsreichen Hochflächen. Rasant geht es auf dem Alpine Coaster zu. Die außergewöhnliche Rodelbahn sorgt auch im Winter für Spaß und Adrenalinkicks inmitten einer wunderschön verschneiten Natur. Daneben finden am Ochsenkopf Skifahrer und Langläufer herrliche Möglichkeiten zum aktiven Sporteln in der eindrucksvollen Schneelandschaft. Sommers wie winters versorgt Frankens höchstgelegenes Gasthaus, das Bergrestaurant Asenturm, die Ausflügler und Sportler. Hier gibt es den namensgebenden Ochsen dann auch auf dem Teller, zum Beispiel als leckeres Ochsenrückensteak mit frischen Pfifferlingen.

○ Ochsenkopf, 95686 Bischofsgrüner Forst
○ ÖPNV: Bus 369, Haltestelle Fleckl Schwebebahn Süd, Bus 329, 369,
Haltestelle Bischofsgrün Schwebebahn Nord